HAYMON taschenbuch 92

Auflage:
9 8 7 6
2024 2023 2022 2021

HAYMON tb **92**

Ungekürzte Taschenbuchausgabe
Haymon Taschenbuch, Innsbruck-Wien 2011
www.haymonverlag.at

Taschenbuchausgabe der 2009 bei Amalthea Signum GmbH, Wien, unter dem Titel „Adel verpflichtet – Frauenschicksale in der k.u.k. Monarchie" erschienenen Originalausgabe.

ISBN 978-3-85218-892-8

Umschlag- und Buchgestaltung, Satz:
hœretzeder grafische gestaltung, Scheffau/Tirol
Umschlagabbildung: IMAGNO/Austrian Archives
(„Hofball in Wien" von Wilhelm Gause)
Autorenfoto: umweltfreundlichem

Gedruckt auf umweltfreundlichem,
chlor- und säurefrei gebleichtem Papier.

Martina Winkelhofer

Das Leben adeliger Frauen

Alltag in der k.u.k. Monarchie

Martina Winkelhofer

Das Leben adeliger Frauen

Alltag in der k.u.k. Monarchie

Für Johanna

Inhalt

„Adel verpflichtet“ – Wozu?

Dieses Buch beleuchtet die persönliche und gesellschaftliche Lebenswelt adeliger Damen in der ausklingenden Donaumonarchie. Es will aber – wie der Titel verraten soll – nicht nur die besonderen Rechte, die Frauen adeliger Abstammung im Zeitalter Kaiser Franz Josephs genossen, sondern insbesondere auch die Pflichten beschreiben, an die diese oft herausragenden Persönlichkeiten gebunden waren. Dabei zeigen sich die Besonderheiten einer versunkenen Welt. Einer Welt, deren Beurteilung aus späterer Sicht oft recht radikal zwischen nostalgischer Verklärung – ja Kitsch – und scharfer Verurteilung schwankt. Hier einen etwas nüchternen Zugang zu ermöglichen, ist Ziel dieser Arbeit.

Österreichische Adelsgeschichte ist ein Stiefkind der Geschichtsforschung. An einem Mangel an historischen Quellen können diese weißen Flecken in der Geschichtsforschung wohl nicht liegen (eher schon an dem, oben angesprochenen, Schwarz/Weiß-Zugang zu diesem Thema). Gerade die Quellen über den Adel sind nämlich überreich – eine Folge der privilegierten Stellung dieser Gesellschaftsgruppe, die im Gegensatz zu anderen Gruppen die Möglichkeit, die Mittel und die Muße hatte, Schriftquellen zu verfassen und zu archivieren.

Wenn nun aber schon die allgemeine Geschichte des Adels im 19. Jahrhundert kaum bearbeitet ist, so liegt die Geschichte der Frauen des Adels völlig im Dunkeln. Mit dem immer stärker werdenden Interesse an „Alltagsgeschichte“, sowohl von Seiten der historisch interessierten Leserschaft, als auch der Wissenschaft, rückt nun aber auch das Interesse an historischen „Frauenleben“ zunehmend stärker in den Vordergrund. Für dieses Buch wurden daher in jahrelanger Archivarbeit Briefe, Korrespondenzen, Tagebücher und andere Aufzeichnungen bedeutender aristokratischer Zeitzeuginnen gesichtet, beurteilt und verarbeitet.

Daraus ergibt sich ein Bild, das das Leben einer Frau in der österreichischen Aristokratie zu Zeiten Kaiser Franz Josephs, gemessen an heutigen Maßstäben, durch extreme Gegensätzlichkeiten gekennzeichnet zeigt. Die Frauen lebten zwischen äußerlichem – teilweise unermesslichem – Reichtum und gleichzeitig einer extrem beengten persönlichen Lebenswelt. Bildlich gesprochen stand der Weitläufigkeit der adeligen Güter eine enge gesellschaftliche und familiäre Rolle in einer Männerwelt gegenüber.

Dieses Buch zeichnet die wichtigsten Stationen eines „standesgemäßen“ adeligen Frauenlebens von Kindheit und Jugend über Heirat und Familie bis zu Alter und Tod nach und stellt sie in den historischen Rahmen der ausklingenden Donaumonarchie. An vielen Stellen kommen dabei – in Form von Zitaten – die Protagonistinnen selbst zu Wort und vermitteln so ein lebhaftes Bild des adeligen Frauenalltags zu jener Zeit. So ersteht eine Welt wieder auf, die es nicht mehr gibt, deren positive Werte, wie auch negative Seiten jedoch durchaus in der heutigen Zeit noch lehrreich sein können.

Wien, 2009

I
Kindheit und Jugend

Die Geburt eines Mädchens – Eltern-Kind-Beziehungen im 19. Jahrhundert – Ammen und Kindermädchen – Kinder haben sich anzupassen – Standesgemäß: eine äußerst strenge Erziehung – Die Erziehung der Mädchen – Tanzstunden und Kinderbälle – Erziehung zur Selbstdisziplin – Armenfürsorge von klein auf – Sommeraufenthalte auf dem Land – „Tanzerl“: der Adoleszentenball – Ein Jugendball bei Hof – Weltfremde Mädchen

Die Geburt eines Mädchens wurde in der Aristokratie stets mit großer Freude aufgenommen. Von Enttäuschungen oder gar Ärger über das Ausbleiben eines Knaben erzählen die Quellen wenig. Zwar freute sich jeder Familienchef über einen, im besten Fall mehrere männliche Nachfolger, doch waren Mädchen genauso willkommen. Einerseits, weil man Kinder generell als Krönung einer Ehe betrachtete; andererseits, weil die Vielzahl der Geburten, die eine Frau im 19. Jahrhundert hatte, in den meisten Fällen auch Buben hervorbrachte oder zumindest auf weitere Kinder hoffen ließ. War eine Familie ohne männliche Nachfolger, so lag dies in der Regel nicht daran, dass keine Knaben geboren wurden. Die meisten Buben oder jungen Männer starben im Laufe ihres späteren Lebens durch Krankheit oder ließen ihr Leben auf dem Schlachtfeld. Aus diesem Grund wurde die Geburt einer kleinen Prinzessin stets genauso freudig begrüßt wie jene ihrer Brüder. Erst wenn sich nach einigen Mädchengeburten noch immer kein Sohn einstellte, begannen die Familien nervös zu werden. Umgekehrt wurde aber in vielen Familien nach der Geburt von einigen Buben ein Mädchen geradezu herbeigesehnt.

Nicht zuletzt war die wirtschaftliche Stellung des Adels mit ein Grund, warum – etwa im Gegensatz zum Bürger- oder Bauernstand – die Geburt von Mädchen keinerlei Problem darstellte. Im Gegensatz zum Großteil der Bevölkerung besaß die Aristokratie schlicht und einfach die finanziellen Mittel, um sogar mehrere Mädchen nicht nur zu ernähren, sondern auch ordentlich auszustatten, so dass sie durch eine Heirat auch gut versorgt wurden.

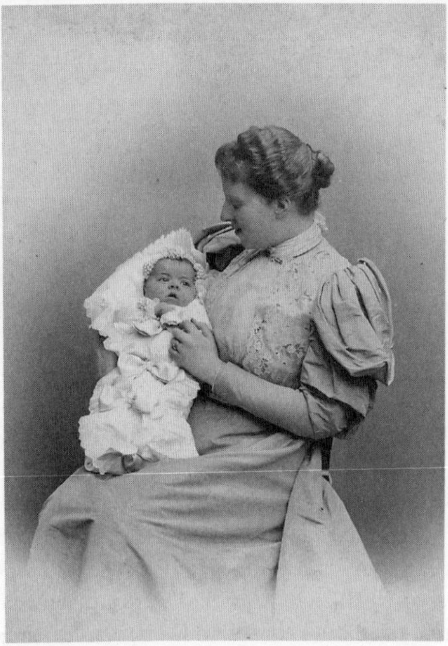

Eine Aristokratin mit Neugeborenem, um 1900.

Die Beziehung der Erwachsenen zu ihren Kindern war im 19. Jahrhundert wesentlich enger als je zuvor – vor allem innerhalb der Aristokratie. Seit dem Biedermeier und dem damit verbundenen, gefühlsbezogenen Familienideal war die Eltern-Kind-Beziehung deutlich liebevoller und fürsorglicher. Gab es innerhalb des Adels noch im 18. Jahrhundert einen starken Abstand zwischen Eltern und Kind, so wuchsen kaum hundert Jahre später die Kinder in einem fast schon bürgerlich zu nennenden familiären Netz auf. Zwar wurden die Kinder der Aristokratie weiterhin von Kindermädchen und Gouvernanten betreut und später von Hauslehrern erzogen, doch fand nun alles unter der Aufsicht und Einbindung der Eltern statt. Die Erziehung wurde nicht mehr komplett dem Personal überlassen, sondern von den Eltern gelenkt und überwacht. Sorgfältig wählten sie das geeignete Betreuungs- und Erziehungspersonal aus und versuchten auch – in den meisten Fällen – auf die individuellen Bedürfnisse der Kinder einzugehen.

Einzelne Familien waren derart interessiert an den neuesten Erkenntnissen der Kindererziehung, dass sie für ihre Zeit geradezu fortschrittlich waren, zumindest wesentlich fortschrittlicher als das Bürgertum, das an althergebrachten, starren Konventionen stärker festhielt als manche Teile des Adels. Die Bibliothek des Fürsten Karl Liechtenstein etwa, dem nicht nur die Ausbildung, sondern auch die psychische Entwicklung seiner Kinder am Herzen lag, zeugt von seinem besonderen Interesse für die frühe Pädagogik. Sein Bibliotheks- und Ankaufskatalog belegt, dass in großer Zahl Werke über die gesunde emotionale und geistige Entwicklung von Kleinkindern angekauft wurden.[1]

Die Aristokratin des 19. Jahrhunderts gab ihre Kinder nach der Geburt nicht mehr sofort in die Obhut des Personals, um schnellstmöglich ihre Rolle in der Gesellschaft und bei Hof wieder einzunehmen. Säuglinge blieben bei der Mutter, die sich in der Regel für die Entwicklung des Kindes interessierte. Schwangerschaft, Säuglingspflege und die Sorge um das Neugeborene waren oft bis ins kleinste Detail berichtenswerte Themen – in der Familienkorrespondenz ebenso wie in Tagebüchern. Fehl- oder Totgeburten, schwere Krankheiten von Säuglingen und Kleinkindern wurden als größter Schicksalsschlag betrachtet, der einer jungen Familie passieren konnte. Dementsprechend oft und intensiv wurde darüber korrespondiert, im engsten wie auch weiteren Familien- und Bekanntenkreis. Schon zu Beginn der Schwangerschaft wurde erwartet, dass Frauen alles zum Wohl ihres Kindes taten und von allem Abstand nahmen, was ihm schaden könnte. Verhielt sich eine werdende Mutter ungünstig oder gar schädlich für ihr ungeborenes Kind, wurde dies eifrigst kommentiert und weitererzählt.[2]

Bei aller liebevoller Umsorgung durch die Eltern, vor allem die Mutter, waren die Mädchen der Aristokratie doch auch von klein auf von mehreren Bezugspersonen umgeben. Die ersten Kontakte bildeten die Ammen, die man sogar aufnahm, wenn die Mutter selbst stillte (was sich auch im Adel in der zweiten Hälfte des 19. Jahrhunderts immer mehr durchzusetzen begann). Meist entschied man sich für Ammen aus der Umgebung der eigenen Herrschaften, womit ein Bezug zu Herkunft hergestellt wurde. Familien, deren Stammschlösser in Böhmen oder Mähren lagen, entschieden sich für tschechische Ammen, die den Kindern oft noch in den ersten Lebensjahren als Bezugsperson erhalten blieben.

Gleichzeitig mit der Amme wurde ein Kindermädchen eingestellt, das meist über Empfehlung von Verwandten zur Familie stieß. Kindermädchen betreuten oft über mehrere Jahrzehnte die Kinder verschiedenster Generationen einer adeligen Familie. Üblicherweise blieb das Kindermädchen nicht nur stundenweise bei seinem Schützling, sondern den ganzen Tag. Wie eng und intensiv dieser Kontakt war, hing von der individuellen Mutter-Kind-Beziehung ab. Wo sich die Mutter stärker einbrachte, die Kinder öfter sah, war deren Verhältnis zum Kindermädchen lockerer als in Fällen, in denen die Mutter mehr gesellschaftliche Pflichten übernahm.

Die Qualität der Kinderbetreuung variierte völlig. Manche Kinder hatten Kinderfrauen, die fast schon pädagogisch zu nennende Erziehungsmethoden anwandten und sich in Kinderseelen einfühlen konnten. Andere wiederum berichteten später von Kinderfrauen, deren Verhalten fast schon grausam zu nennen war und oftmals die Würde der Kinder verletzte.[3] Über die – heute wissenschaftlich erwiesene – Bedeutung der ersten Lebensjahre für die spätere Entwicklung eines Kindes wusste man noch nicht Bescheid. Doch die Aufzeichnungen vieler Aristokraten enthalten auch Erinnerungen an einen schlechten Umgang des Betreuungspersonals mit seinen Schützlingen, die zeigen, dass schlechte Kindheitserfahrungen definitiv bis ins hohe Alter präsent blieben.

Es gab jedoch auch Betreuungspersonal, das derart in seiner Arbeit und der Familie aufging, dass daraus Freundschaften für das gesamte weitere Leben entstanden. Das englische Kindermädchen der gräflichen Familie Wilczek wurde etwa die beste Freundin der Hausfrau und verbrachte, auch nachdem alle Kinder erwachsen waren, bis zu ihrem Tod im Alter von neunzig Jahren jeden Sommer gemeinsam mit der Familie – war also im Lauf der Jahrzehnte zu einem Familienmitglied geworden.[4]

Kinder stellten den größten Wert einer Familie dar und waren der ganze Stolz ihrer Eltern und Großeltern. Zwar war die Sicherung des Weiterbestandes der Familie durch männliche Erben weiterhin wichtig, doch wurden Kinder immer weniger ausschließlich als Stammhalter betrachtet. So lieb und teuer die Kinder ihren Eltern auch waren – einen großen Unterschied gab es zu heute: Die Kinder standen nicht im Mittelpunkt des familiären Lebens. Ein kindzentriertes Familienleben wie heute, bei dem die Bedürfnisse und Wünsche des Kindes die Lebens- und Freizeitgestaltung der

Gräfin Kaunitz mit ihren Kindern, um 1860.

Eltern bestimmen, kannte man nicht; man hätte es auch nicht als positiv für das Kind empfunden. Kinder hatten sich der Lebensweise ihrer Eltern, das heißt der Erwachsenen anzupassen, in die sie wie selbstverständlich hineinwuchsen. Sie wurden zu vielen Ereignissen erst hinzugezogen, wenn sie alt genug waren, an gemeinsamen sozialen Aktivitäten teilzunehmen, ohne Umstände oder Peinlichkeiten zu verursachen.

So durften Mädchen wie Buben am Familientisch erst Platz nehmen, wenn sie über ein Mindestmaß an Tischmanieren verfügten. Selbst Mittag- und Abendessen im engsten Familienkreis fanden in den meisten Fällen ohne Kinder statt, denn diese aßen meist in ihren eigenen Räumen gemeinsam mit ihrem Erziehungspersonal. Waren Kinder dann ab einem gewissen Alter bei Tisch geduldet, durften sie selbstverständlich von sich aus niemals ein Gespräch beginnen und nur reden, wenn ihnen Fragen gestellt wurden. Diese Verhaltensregel galt für sie manchmal bis in die

Ein Kindermädchen (hier der Familie Kinsky). Kindermädchen, von denen manche zu Familienmitgliedern wuchsen, hatten eine wichtige Rolle im Leben der Kleinen, 1905.

Pubertät hinein. Ein Aristokrat, der in seiner Jugend jeden Sonntag bei seiner Großtante – einer geborenen Prinzessin Liechtenstein – aß, erzählte von diesen Essen, an denen stets auch der Bruder der Tante, der später regierende Fürst Liechtenstein, teilnahm: „Die Konversation zwischen dem Geschwisterpaar war sehr angeregt, ich hingegen war mehr (oder) weniger Luft. Wenn ich (mich) aber einzuschalten trachtete, war ein erstauntes Heben der Augenbrauen die einzige Reaktion auf meine schüchtern vorgebrachten Geistesblitze.“ [5]

Gespräche oder gar Tischgespräche mit den Erwachsenen blieben für Kinder stets erwähnenswerte Ausnahmen. Wurden sie einmal ins Gespräch gezogen, platzten sie vor Stolz. Intimere Gespräche, die noch seltener waren, hatten daher den Nimbus des Außergewöhnlichen. Ausnahmen bestätigen freilich oftmals die Regel: So erzählt Alfons Clary-Aldringen in seinen Lebenserinnerungen, seine Mutter habe die Kinder so oft wie möglich zu Tisch geholt, weil sie jede Minute mit ihnen verbringen wollte.[6] Die Tatsache, dass dieses Verhalten erwähnenswert war, zeigt auch, dass es eher unüblich war.

Kinderidyll im Park, 1905.

Zu gesellschaftlichen Veranstaltungen im Elternhaus wurden Kinder niemals hinzugezogen. Weder abends bei Soireen oder Diners noch nachmittags bei den Tees oder Salontagen waren Kinder anwesend. Fand ein Hausball statt, durften sie maximal bei den Vorbereitungen zusehen, freilich nur, wenn sie weder den Ablauf störten noch die eigenen Lernstunden schwänzten. Fürstin Nora Fugger in ihren Erinnerungen: „An allen diesen schönen Dingen durften wir Kinder nicht teilnehmen. Wir wurden in dieser Hinsicht außerordentlich streng erzogen. Nur selten kam es vor, dass wir den Salon betreten durften, wenn Gäste anwesend waren.“ [7]

Ein Kinderleben in der Aristokratie war strengen Erziehungsregeln unterworfen. Die Autorität der Eltern und Großeltern musste hochgehalten und Disziplin und Gehorsam von klein auf gelernt werden. Die Erziehung war nach heutigen Maßstäben sehr streng. Körperliche Züchtigung galt als normal, Buben wurden nicht selten ausgepeitscht. Auch Mädchen wurden bestraft: Die einfachste Strafe war das Verbot von Süßigkeiten, jedoch waren auch sanfte Schläge gang und gäbe, und Einsperren stand auf der Tagesordnung. Bei größeren Kindern zeigte sich nicht Züchti-

Gräfin Auguste Desfours-Coudenhove und Kinder.
Bis zum Alter von einem Jahr trugen sowohl Mädchen als auch Burschen Kleidchen, um 1883.

gung, sondern Liebesentzug als probates Mittel, sie gefügig zu machen.[8]

In der Kinderstube, der Erziehung der Krabbel- und Kleinkinder, wurden Mädchen und Buben noch gemeinsam betreut, meist ausschließlich von Kinderfrauen und Kammermädchen. Erst mit Beginn des Unterrichts wurden sie nach Geschlecht getrennt. Die ersten Jahre wurden alle Kinder zu Hause von Hauslehrern erzogen, danach schickte man zumindest die Buben öfter in Pensionate – gegen Ende der Monarchie – in öffentliche Gymnasien. Mädchen wurden fast immer zu Hause erzogen, nur in Einzelfällen besuchten sie untertags katholische Schulen.

Die Erziehung der heranwachsenden Mädchen der Aristokratie war ganz auf ihr künftiges Leben als Ehefrau, Mutter und Gesellschaftsdame ausgerichtet. Sie mussten lernen ein tadelloses Heim zu führen, schöne Blumenarrangements zu erstellen, Klavier zu spielen und geschmackvolle Handarbeiten herzustellen. Auch Fremdsprachen sollte ein Mädchen beherrschen, vor allem Französisch musste sie tadellos sprechen. Bei der Erziehung der Mädchen galt die Herausbildung einer Charaktereigenschaft als besonders wichtig: die Herzenswärme. Mädchen sollten mitfühlend, gütig und bescheiden sein und sich nicht in den Vordergrund drängen.

Standesgemäß erzogen im ursprünglichsten Sinn wurden die Kinder durch das lebende Beispiel ihrer Eltern – indem sie beobachteten und nachahmten, was diese ihnen vorlebten. Durch „Vorleben" erfolgte auch die Herausbildung eines aristokratischen Habitus; weniger durch gezielte Erziehung. Was die Kinder an angemessenen Grußformeln, ordentlicher Aussprache und geistvoller Konversation hörten, übernahmen sie automatisch, so dass die aristokratische Kultur wie selbstverständlich von einer Generation auf die nächste weitergegeben wurde. Dieses soziale Herkunftskapital war der eigentliche „Mitgliedsausweis" in der Aristokratie. Es konnte weder im Nachhinein erworben werden, noch war es an Besitz und Reichtum gebunden. Selbst der mittelloseste Aristokrat war aufgrund dieser typischen – und allen gemeinsamen – Erziehung ein gleichberechtigtes, von allen akzeptiertes Mitglied seines Standes. Während der noch so reiche Industrielle, dessen Lebensstil oft nicht nur dem eines vermögenden Aristokraten entsprach, sondern diesen noch in den Schatten stellte, durch das

Prinz Ferdinand Kinsky mit seinen Kindern beim täglichen Spaziergang, 1906.

Fehlen dieses sozialen Grundkapitals sofort als nicht zugehörig auffiel. Aufsteigerfamilien brauchten mindestens zwei Generationen, um jene Selbstverständlichkeit im Umgang miteinander zu erwerben, die nur von Eltern an Kinder weitergegeben werden konnte.

Der Tagesablauf der Mädchen war sehr genau und pünktlich eingeteilt – jede Abweichung von dieser Norm wurde von den Kindern daher als angenehmes Ereignis begrüßt. In der Früh gab es immer ein einfaches Frühstück, gemeinsam mit den Erziehern. Nach den Lernstunden folgte ein kurzes Mittagessen, meist ebenfalls nur im Kreis des Erziehungspersonals. Danach gab es Zeichen- und Klavier-, eventuell Gesangsstunden sowie Stunden, die der Handarbeit dienten. Am Nachmittag ging man spazieren, was die Kinder zumeist als „fade“ empfanden.[9] Begeistern konnten sie sich allenfalls für Spaziergänge während der winterlichen Wien-Aufenthalte, denn diese führten entlang der Ringstraße – und Ringstraßenspaziergänge waren damals ein auch von Erwachsenen goutiertes Freizeitvergnügen. Jeder, wirklich jeder zeigte sich auf „dem Ring“, vom Offizier bis zum Bürger, vom Aristokraten bis zur Bürgersfrau. Bekannte Burgschauspieler und Opernsänger flanierten den Prachtboulevard entlang – das Motto hieß: „sehen und gesehen werden“. Die Kinder, die Lebhaftigkeit der Großstadt

Zwei Mädchen, um 1906.

bestaunend, gingen artig in ihren Matrosenkleidchen neben den Gouvernanten. Im Winter durften die Kinder in Wien auch eislaufen gehen, eine bei Alt und Jung beliebte Sportart des Adels.[10]

Auf „natürlichen“ Umgang mit den Standesgenossen wurde von klein auf großer Wert gelegt. In diesem Sinne erhielten die Mädchen schon im Kindesalter kleine, altersgerechte gesellschaftliche Aufgaben. An Sonntagen durften schon die jüngsten Mädchen ihre Freundinnen, die Töchter anderer Aristokratinnen, zur Jause einladen. Auch die Buben hielten ihre traditionellen „Bubenjausen“ ab, zu denen sie ihre gleichaltrigen Freunde einluden.[11]

Ebenfalls von klein auf erhielten die Mädchen Tanzstunden, meist gemeinsam mit ihren Brüdern oder Cousins. Sobald die Mädchen einige kleine Tänzchen beherrschten, arrangierte die Mutter Kinderbälle, zu denen die Kinder anderer Adelsfamilien eingeladen wurden. Ein Klavierspieler sorgte für die Musik, zu der die kleinen Mädchen und Buben miteinander tanzten. Den Abschluss eines solchen Kinderfestes bildete eine Jause mit Tee und Süßigkeiten.[12] Diese Kinderbälle waren nicht nur dazu gedacht, den Mädchen eine Unterhaltung zu bieten. In erster Linie sollten sie sich von klein auf an die Notwendigkeit gewöhnen mit ihresgleichen zusammen zu sein, ungezwungen Konversation zu führen

Die Tochter des Grafen Felix Harnoncourt in einem Festkleid, um 1888.

und, dies vor allem, als Gastgeberin ihren Pflichten in der Gesellschaft nachzukommen – freilich zunächst auf kindgerechter Basis.

Mit anderen Kindern als jenen der Aristokratie kamen die Mädchen und Buben niemals zusammen. Da die Aristokratie streng darauf achtete, dass es ja keine Vermischung mit der „Zweiten Gesellschaft", der Gesellschaft der Ringstraßenbarone und Industriellen gab, wurde selbst den Kindern ein Zusammentreffen mit Nicht-Aristokraten untersagt. Graf Ferdinand Wilczek berichtet, dass seine Gouvernante, die sehr eigenständig agieren durfte, mit ihm und seinen Geschwistern öfters ins Cottage-Viertel fuhr, um dort die Kinder der Familie Des Renaudes zu besuchen, mit deren Nurse sie befreundet war. Die Mutter seiner Freunde war eine geborene Frau Waerndorfer, Schwester des Industriellen Fritz Waerndorfer, der mit seinem Reichtum die Gründung der Wiener Werkstätten ermöglichte. Die Waerndorfer-Renaudes waren reiche und angesehene Mitglieder der Zweiten Gesellschaft – doch als die Mutter Ferdinand Wilczeks von diesen Besuchen erfuhr, verbot sie sie sofort. Die Kinder von Industriellen waren eben keine standesgemäßen Spielgefährten für kleine Aristokaten.[13]

Die individuellen Kleidungswünsche kleiner Mädchen blieben völlig unberücksichtigt, ja, man nahm sie nicht einmal zur Kenntnis. So waren die kleinen Mädchen der Aristokratie alle gleich gekleidet. Über einem Baumwollkleid trugen sie eine Schürze mit Latz und Rüschen. Wochentags waren die Kleidchen dunkel, an Sonn- und Besuchstagen aber hell. Kleine Stiefelchen, zu denen sie derbe Strümpfe trugen, galten als einziges Schuhwerk für den Alltag. Die Kleider waren knielang, erst mit Eintritt in die Pubertät waren bodenlange Kleider gestattet. Haare durften im Kindesalter noch halb offen getragen werden; junge Damen mussten die Haare aber immer hochstecken. Die Alltagskleidchen der Mädchen wurden meist von geschicktem Kammerpersonal genäht, nur Sonntagskleider und spezielle Kleidungsstücke wurden von Schneiderinnen und Modesalons gefertigt. In der Aristokratie galt sowohl in Bezug auf die Kleidung als auch das Auftreten der Kinder Einfachheit als Tugend; aufgetakelte, affektierte Kinder empfand man als Gräuel.

Ein wichtiges Kriterium in der Erziehung, auch bei Mädchen, war die körperliche Ertüchtigung. Überhaupt sollten Kinder nicht verweichlicht werden, jegliche Mimosenhaftigkeit wurde auch den Mädchen früh ausgetrieben. Dem hohen Stand entsprechend sollten sie lernen, sich nicht gehenzulassen und körperliche Unpässlichkeiten ohne Gejammer zu ertragen, um auch im Hinblick auf ihre späteren Pflichten in der Gesellschaft ein angenehmes Gegenüber zu werden, das sich und seine Affekte in der Hand hat. Das verzärtelte Kind, wie man es in vielen Bürgersfamilien fand, entsprach absolut nicht dem Erziehungsideal der Aristokratie – die eher eine spartanische körperliche Erziehung präferierte.[14]

Mädchen wurden dazu angehalten, Tagebuch zu führen. Hiermit bezweckte man weniger, dass sie die schönsten und außergewöhnlichsten Erlebnisse als Erinnerung festhielten, sondern dass sie Selbstzeugnis ablegten. Mädchen sollten ihr Handeln auf seine Motive hin prüfen und sich – darüber schreibend – fragen, ob sie den hohen sittlichen Erwartungen ihrer Eltern auch gewissenhaft entsprochen hatten. Solches In-sich-Gehen, Sich-Prüfen galt als

Voraussetzung für tadelloses Verhalten. In jungen Jahren musste man oftmals die Tagebücher der Mutter vorlegen, die so kontrollieren konnte, wie ernsthaft man das eigene Verhalten überdachte.

Kinder wurden zudem von klein auf zu sozialer Fürsorge angehalten. Dem christlichen Erziehungsideal gemäß, animierte man sie zu karitativem Verhalten, dazu, sich um Schwächere zu kümmern und wohltätig zu sein. Erhielten sie Geldgeschenke von Verwandten, mussten sie den Betrag fein säuberlich in einem Büchlein notieren und einen Teil davon für Almosen verwenden. Die Eltern kontrollierten streng, ob und wie viel ihre Kinder spendeten. Selbst kleine, von den Kindern gesuchte Aufgaben oder Freizeitbeschäftigungen sollten der Wohltätigkeit dienen.

Prinz Gottfried Hohenlohe-Schillingsfürst durfte zum Beispiel als kleiner Bub eigene Hühner in seinem kleinen Privatgärtchen, am Rand des Parks des Wiener Augartenpalais, in dem seine Eltern residierten, halten. Die Hühner waren sein größtes Hobby und eine willkommene Abwechslung zu den vielen Lernstunden. Über die Anzahl der Eier, die seine Hennen legten, und deren Verbleib führte der kleine Prinz genauestens Buch: Ein Drittel der wöchentlich erwirtschafteten Eier musste er in der Küche abgeben, ein weiteres Drittel gab er den Armen der Umgebung, und nur das letzte Drittel durfte er selbst verkaufen und den Verkaufserlös in Naschwerk oder Abziehbildchen investieren. Ein lustiger Nebeneffekt dieses Eierhandels zeigt zugleich, wie ernst Eltern die Almosenpflicht ihrer Kinder nahmen: Prinz Gottfrieds Vater, Erster Obersthofmeister am Hofe Kaiser Franz Josephs, fand unter seiner wöchentlichen Korrespondenz nicht nur die Berichte seiner Hofchargen sowie österreichischer Botschafter im Ausland, sondern auch die kleinen Briefchen seines Sohnes mit der Aufstellung der aktuellen Eierproduktion samt sorgsam vorgerechneter Abzüge für die Armen. Der viel beschäftigte Obersthofmeister ließ es sich nicht nehmen, die Briefchen stets genau zu kontrollieren und vergaß auch nie, seinen kleinen Sohn für die ordentliche Abrechnung und ehrliche Aufteilung zu loben.[15]

Süßigkeiten bekamen die Kinder der Aristokratie ausschließlich an hohen Festtagen – nicht etwa aus gesundheitlichen Gründen, sondern weil man sie nicht verwöhnen wollte. Alljährlicher Höhepunkt war Weihnachten mit dem Christbaum. Dieser war über und über mit Naschwerk geschmückt und wurde völlig zur Plün-

Die Kinder der Aristokratie wurden zur körperlichen Betätigung angehalten, das verzärtelte Kind des Bürgertums, das in der Literatur häufig zu finden ist, entsprach nicht dem Ideal des Adels, 1908.

derung durch die Kinder freigegeben. Prinz Konrad Hohenlohe, der älteste Sohn der reichen Prinzessin Sayn-Wittgenstein und des kaiserlichen Obersthofmeisters, schrieb jede Weihnachten mit Ausrufungszeichen in sein Tagebüchlein, dass der Baum mit allerhand Süßem geschmückt sei und die Kinder, ohne zu fragen, für ein paar Tage zugreifen durften – ein Höhepunkt auch im Jahr des kleinen, reichen Prinzen.[16]

Eine Pause vom strengen Leben brachten die Sommeraufenthalte in den Stammschlössern. Diese wurden von den Kindern das ganze Jahr über herbeigesehnt. Hier gestand man ihnen eine Freiheit zu, die es in der Stadt nicht gab. Sie durften, bis auf wenige Lernstunden, den ganzen Tag im Freien herumtoben, Obstbäume plündern, Fische fangen – vor allem aber mit den Kindern der Bediensteten und der benachbarten Bauern spielen. So strikt der Umgang der Kinder sonst gehandhabt wurde, auf den eigenen Familienschlössern gab es – anders als in der Stadt – für die Kinder keine gesellschaftlichen Schranken. Die Kinderbanden, die in den Sommermonaten den Schlosspark und die Umgebung unsicher machten, bestanden aus den Kindern der Herrschaften, der

Ein Mädchen der Aristokratie: Thérése Colloredo, 1881.

Bediensteten und der ansässigen Bauern. Trotz aller sozialen Unterschiede ergaben sich aus diesen Kinderfreundschaften oftmals Freundschaften für das ganze Leben.

Bei aller Strenge erkannte und berücksichtigte man doch die Bedürfnisse der Kinder. Gerade während der warmen Monate auf dem Land achtete man darauf, dass sie genug Bewegung hatten. Sie durften herumtollen, auf Bäume klettern, fischen, schwimmen, Ponyreiten und stundenlang spielen. Interessanterweise machte man hier zwischen Mädchen und Buben keinen Unterschied, sie durften herumtollen und Kind sein – in der Stadt dagegen wurden Geschwister schon bei ihren Freizeitbeschäftigungen nach Geschlechtern getrennt.

Kamen die Mädchen in die Pubertät, wurden so genannte „Adoleszentenbälle", auch „Tanzerl"[17] genannt, arrangiert – die Fortsetzung der Kinderbälle. Nun wurden die Backfische professionell im Tanz unterwiesen, meist von den Hofballettmeistern

Zwei kleine Prinzessinnen Kinsky beim Herumtollen, 1906.

der Oper. Die Tanzstunden für die Mädchen fanden nun nicht mehr im engsten familiären Umfeld statt, sondern gemeinsam mit jungen Männern der weiteren Bekanntschaften. Die Mädchen konnten hier erstmals junge Männer außerhalb des familiären Umfelds kennenlernen, oder zumindest traf man einander erstmals nicht unmittelbar unter den Augen der Mütter und Gouvernanten.

Nach Abschluss der Tanzstunden veranstalteten jene Familien, die über ein Palais mit eigenem Ballsaal (oder zumindest großem Salon) verfügten, Adoleszentenbälle für die Jugend. Zu diesem Anlass gab es meist ein großes Buffet und Limonade. Anders als bei den Kinderbällen sorgte nun kein einzelner Klavierspieler mehr für die musikalische Begleitung, sondern ein kleines, mehrköpfiges Orchester spielte auf. Die Mädchen erhielten ihre ersten Ballkleider, freilich viel bescheidener als jene der Erwachsenen, und die Burschen erschienen im so genannten „Eaton suit", einer

Art Smoking-Festgewand der englischen Schule, und Glacéhandschuhen.[18] Bei den Adoleszentenbällen wurde, als Höhepunkt des Abends, wie bei den Bällen der Erwachsenen, der Kotillon getanzt. Hierbei überreichten traditionellerweise die Burschen Blumen an die Mädchen, welche sich ihrerseits mit Ansteckmascherln in ihren Wappenfarben revanchierten.

Die prächtigsten Tanzerln veranstaltete um die Jahrhundertwende Erzherzog Friedrich, der reichste Habsburger, in seinem Wiener Palais Albertina. Bei acht heranwachsenden Töchtern fanden die beliebten Jugendbälle über Jahre hindurch statt. Jeder fieberte einer Einladung entgegen, denn beim Erzherzog gab es sogar ein „sitzendes Diner"(etwas, das sonst nur den Erwachsenen vorbehalten war). Außerdem musste man vorher seine Kotillondame, die zugleich die Tischdame war, bekanntgeben – was hektische Nervosität bei den Mädchen verursachte. Denn nun würden sie ihren ersten Ball besuchen und jeder konnte sehen, welcher junge Mann sich für sie entschied.

Bei Hof selbst gab es zu Zeiten Kaiser Franz Josephs nur äußerst selten Adoleszentenbälle. Da sie stets nur von der ranghöchsten Dame des Hofes ausgerichtet werden durften, fanden zu Zeiten von Kaiserin Elisabeth, die gesellschaftliche Aktivitäten nicht leiden konnte, keine Kinder- oder Jugendbälle statt. Erzherzogin Sophie, die Mutter des Kaisers, hatte noch unzählige Kinderfeste und Bälle für ihre Söhne und zahlreichen Neffen und Nichten ausgerichtet. „Sisi" hingegen machte lediglich für ihre jüngste Tochter Marie Valerie eine Ausnahme und veranstaltete einmal einen Adoleszentenball, zu dem einige Töchter und Söhne der Aristokratie geladen wurden.

Bei der Aristokratie waren die höfischen Adoleszentenbälle am beliebtesten, weil sie stets in kleinem Rahmen in der Hofburg stattfanden, maximal zwanzig Mädchen und Burschen, und man dem Kaiser und der Kaiserin wesentlich näherkam als bei den riesigen Hofbällen.

Die Adoleszentenbälle bei Hof hatten große Ähnlichkeit mit wirklichen Hofbällen. Kaiser und Kaiserin hielten Cercle mit Jugendlichen, diese benahmen sich entsprechend der höfischen Etikette, es gab Tanz und Buffet. Diese „Hofbälle im Kleinen" sollten die Jugend auf ihr späteres Auftreten bei Hof vorbereiten. Die geladenen Mädchen mussten artig sein, perfekte Manieren zeigen

Eine luxuriöse Kindheit: eine Minikutsche für die Kleinsten, um 1870.

und stets höflich auf die Fragen der Erwachsenen antworten. Außerdem mussten sie bereits wissen, wie man respektvoll antwortete, wenn Kaiser oder Kaiserin ihnen die Gnade erwiesen, sie ins Gespräch zu ziehen.

Manche Mädchen waren aber eindeutig noch zu jung, um ein gleichbleibendes, selbstbeherrschtes Verhalten, das zudem den Regeln des Hofes entsprach, an den Tag legen zu können. Eine Hofdame Kaiserin Elisabeths notierte in ihrem Tagebuch eine reizende Szene: Zum Adoleszentenball der Kaisertochter Marie Valerie wurde auch die erst zehnjährige Prinzessin Dorothea Hohenlohe-Schillingsfürst, genannt „Do", eingeladen. Um vier Uhr hat das Fest angefangen und um neun Uhr sitzt die kleine Do schon völlig schläfrig auf einem Sessel. Die Kaiserin nähert sich ihr und fragt ganz sanft: „Do, willst Du etwas essen?" Die Kleine, der man daheim eingeschärft hat, wie sie der Kaiserin oder dem Kaiser nach den Regeln der Etikette antworten solle, erwidert perfekt: „Ich danke Euer Majestät tausendmal, nein." Die Kaiserin fragt das Mädchen noch einmal: „Willst Du kein Gefrorenes, Kompotte, Tee, Limonade, Backwerk?" Die kleine Do lehnt erneut nach allen Regel der Etikette dankend ab. Als die Kaiserin nun freundlich nachfragt: „Sage, Do, was willst du denn?", fährt die kleine Prinzessin in die Höhe und sagt ärgerlich: „Ruhe möchte ich haben und schlafen möchte ich gehen!" Die Kaiserin war hingerissen von der kleinen

Ein Backfisch: eine Komtess „Lintschi“, wohl kurz vor ihrem offiziellen Eintritt „in die Welt“, um 1883.

Do und sagte lachend: „Du bist eine gescheite, kleine Person – das möchte ich auch oft.“ [19]

Die heranwachsenden Mädchen der Aristokratie wurden extrem streng gehalten. Sie durften ohne Begleitung – genannt „Chaperon“ (französisch; jemand, der eine junge Dame zu ihrem Schutz begleitet) – ihr Heim nicht verlassen. Sie hatten keine Ahnung, wie das Miteinander von Mann und Frau außerhalb ihres eigenen Heims, außerhalb ihres Standes funktionierte. Sie kannten nur die große Distanz zwischen sich und dem männlichen Teil der Menschheit, die sie von zu Hause gewohnt waren.

Diese strenge, weltfremde Erziehung hatte zur Folge, dass auch die Mädchen in ungewohnten Situationen, außerhalb ihres engen gesellschaftlichen Umfeldes, weltfremd und ängstlich waren – und dies oft noch als Ehefrauen und Mütter. Zu Zeiten, als es innerhalb der Aristokratie noch als sehr abenteuerlich galt, im Burgtheater einen Parterresitz zu nehmen (in der Regel hatte man eine Familienloge), gingen Prinz und Prinzessin Auersperg einmal dieses Wagnis ein. Befremdet und irritiert, dass andere, ihr nicht vertraute Menschen, noch dazu Männer, ungewohnt eng neben ihr saßen, glaubte die Prinzessin, ihr Sitznachbar lehne sich absichtlich an sie an. So sagte sie ihrem Mann, dass der Herr neben ihr sich unsittlich benehme. Worauf Prinz Auersperg den Sitznachbarn seiner Gattin sogleich zur Rede stellte. Dieser wies die Behauptung eines Annährungsversuchs natürlich empört zurück, wandte sich um und sagte, laut hörbar, zu seiner Begleitung: „Siehst du, ich hab dir gleich gesagt, wir sollten nicht ins Parterre gehen, da kommt man mit solche Leut' zusammen!"[20]

Erst zu Beginn des 20. Jahrhunderts wurde davon Abstand genommen, die Mädchen allzu naiv ins Leben zu entlassen. Prinz Rudolf Liechtenstein hielt damals ein Lob auf die Erziehung der Töchter des Ehepaars Montenuovo, „deren Aufziehung außer mit der selbstverständlichen Herzenswärme auch mit Verstand bewerkstelligt worden ist."[21]

Bis dahin allerdings hielt man es unter Aristokraten für ein erstrebenswertes Erziehungsziel, die Mädchen unschuldig und naiv ins Leben zu schicken – was als besonders reizvoll galt. Und reizvoll musste ein Mädchen sein, um nach absolvierter Erziehung den ersten und wichtigsten eigenständigen Schritt im Leben zu setzen: einen geeigneten Heiratskandidaten zu finden.

Aristokratische Kindheit

Kinder waren der ganze Stolz der Aristokratie, waren sie doch der Garant dafür, dass die Werte des adeligen Hauses weitergetragen wurden. Auch wenn die Kinder auf Grund ihrer Herkunft in einen äußerst exquisiten Lebensstil hineinwuchsen, galt als oberste Erziehungsmaxime, sie nicht zu verwöhnen. Die Erziehung war oftmals geradezu spartanisch streng. Pflichtbewusstsein, Bescheidenheit und eine tadellose innere wie äußere Haltung mussten schon die Kleinsten lernen. Die erhaltenen Fotos zeigen verschiedene Alltagssituationen der Kinder: die obligatorischen täglichen Spaziergänge, das Spiel mit Freunden, aber auch die jährlich immer sehnsüchtig herbeigesehnten Sommeraufenthalte auf dem Land, wo man frei und ungezwungen herumtollen durfte.

Sommer auf dem Landschloss. Die Sommermonate wurden von den Kindern herbeigesehnt, denn nur auf dem Land wurde ihnen viel persönliche Freiheit zugestanden, 1904.

Die kleinen Prinzen und Prinzessinnen Kinsky mit einer ihrer Tanten, 1905.

Beim Spielen, 1905.

Auf ausreichende Bewegung, selbst im Winter, wurde Wert gelegt, 1906.

Zwei kleine Prinzessinnen mit einem Rehkitz, 1905.

Die Kinder der Familie Kinsky vor Schloss Mährisch-Krumau, 1905.

Der kaiserliche Oberststallmeister Ferdinand Kinsky mit seiner Kinderschar, 1906.

II
Verlobung und Heirat

Die Komtessen – „In die Welt gehen“ – Ein strikter „Rite de Passage“ – Die ersten Bälle – Der Kotillon – Der erste Hofball – Die Suche nach einem Ehemann – Heiraten „nach unten“ und Heiraten „hinauf“ – „Liebe ist etwas für Stubenmädeln“ – Die Majoratsherren – Die Mütter hoffen auf einen „Épouseur“ – Der grausame Heiratsmarkt – Eine Frage des Geldes – Kapital Schönheit – Die Jagd nach der besten Partie – Erste Annäherung und Verlobung – Feilschen um die Mitgift – Eheverträge – Komtessen ohne Bewerber – Die Hochzeit – Überraschungen in der Hochzeitsnacht – Das Heiratsverhalten ändert sich um die Jahrhundertwende

Die Zeitspanne, die für das weitere Leben einer jungen Aristokratin am wichtigsten war, begann mit dem Abschluss ihrer Erziehung und endete mit ihrer Heirat. Sie war äußerst kurz – in der Regel niemals mehr als zwei Jahre, oftmals sogar nur ein Jahr. Während dieser Zeitspanne durften sich die jungen Frauen den gesellschaftlichen Vergnügungen hingeben, freilich, mit dem wichtigen Ziel vor Augen, einen geeigneten Heiratskandidaten zu finden.

Die „Komtessen“, so die Bezeichnung dieser jungen, unverheirateten Aristokratinnen, durften nun die kurze Zeit ihrer unverheirateten Jugend ausgiebig genießen und am gesellschaftlichen Leben der Erwachsenen teilnehmen, sie durften nun „in die Welt gehen“, wie man sagte. Diese Welt war freilich sehr klein. Sie umfasste die gesellschaftlichen Veranstaltungen und Bälle während der Faschingszeit, den Besuch einiger Soireen in der Fastenzeit und endete traditionell mit der Derbywoche Anfang Mai in Wien.

Für den Eintritt in die Gesellschaft gab es einen strikten „Rite de Passage“: Die Komtessen besuchten zuerst einen oder zwei große Privatbälle der Aristokratie, dann die beiden Hofbälle, einige Konzerte und die großen Wohltätigkeitsveranstaltungen und Soireen in den Wiener Palais. Sie gewöhnten sich nun langsam an ihre neue Situation. Sie lernten damit umzugehen, dass sie hinsichtlich ihres Auftretens genau beobachtet und taxiert wurden, und sie lernten, sich in Gesellschaft ungezwungen und natürlich

Komtess Clotylda Mensdorff mit einer Freundin, um 1885.

zu geben. Feierlichkeiten an öffentlichen Orten waren für Komtessen tabu, gerade die Oper durften sie gemeinsam mit den Eltern besuchen, ebenso das Burgtheater – freilich nur, wenn Stücke gegeben wurden, die als passend für Unverheiratete empfunden wurden.

Die jungen Frauen wurden von ihren Müttern perfekt auf ihr Erscheinen in der Gesellschaft vorbereitet. Sie hatten gelernt, anregend zu „parlieren", sie wurden nach der neuesten Mode ausgestattet, kurz, es wurde alles getan, um die Vorzüge der Töchter herauszustreichen. Nun durften sie für kurze Zeit ungezwungen genießen, was die aristokratische Gesellschaft zu bieten hatte: prachtvolle Feste, glänzende Bälle und das Bewusstsein, zur Crème de la Crème der Monarchie zu gehören. All das Engagement und die Erlaubnis, sich zu amüsieren, hatte nur den einen Grund: mit Ende der Saison eine möglichst glänzende Verlobung zu erreichen.

Der jährliche Eintritt der neuesten Gruppe „frischer" Komtessen in die Gesellschaft wurde stets genau beobachtet und kommentiert.[22] Denn mit dem jährlichen Schwall an heiratsfähigen, jungen Damen von Stand wurden auch die – spärlichen – Karten in Sachen aristokratischer Heiratspolitik neu gemischt. Und die Gesellschaft, vor allem die Mütter, beobachtete genau, welche Familien jetzt gute Partien zu bieten hatten beziehungsweise welche und wie viel Konkurrenz nun den eigenen Töchtern drohte. Für die jungen Frauen brachte der Eintritt in die gesellschaftliche Welt eine kurze Zeit der Freiheit und der reinen Lebensfreude. Sie durften feiern, einen Ball nach dem anderen besuchen, sich bewundern lassen. Die meisten genossen diese Zeit in vollen Zügen.

Der erste Ball, der besucht werden durfte, symbolisierte zugleich den feierlichen Eintritt in die Gesellschaft. Die Aufregung vorher war natürlich riesengroß. Welches Kleid sollte man tragen, wie sich präsentieren? Welche Herren würden sich um einen Tanz anstellen? Früher, als die Komtessen noch Mädchen waren, hatte niemand auf kostbare Kleidung und exquisite Ausstattung Wert gelegt; was sie trugen, musste praktisch, einfach und alltagstauglich sein. Nun aber, mit Beginn ihres Eintritts in die Gesellschaft, wurden sie mit kostbaren Ballkleidern, Abendkleidern und eleganter Tagesgarderobe ausgestattet. Als oberste Prämisse galt wieder: möglichst dezente Eleganz. Die Kleider, Maßanfertigungen der bekannten Wiener Salons, waren zwar enorm teuer, durften aber auf gar keinen Fall protzig oder auffällig wirken. Sie sollten zudem Mädchenhaftigkeit und Unschuld der Komtessen betonen. Die Kleidung durfte somit die körperlichen Vorzüge weder zu deutlich akzentuieren, noch durfte sie grell und auffallend sein – was schnell als ordinär galt. Auch den oft prächtigen Familienschmuck durften die Komtessen noch nicht tragen: Diamanten galten für Unverheiratete als unschicklich. Einziges Zugeständnis in Sachen Schmuck waren zarte Goldkettchen.

Nunmehr schön ausgestattet, begleitete die junge Frau ihre Familie zum ersten Mal auf einen Ball. Im Schlepptau der stolzen Mutter wurde sie zuerst den anwesenden verheirateten Damen vorgestellt, vor denen artig geknickst werden musste. Dann kam der Vortänzer – ein Aristokrat, der ein guter Tänzer sein musste. Er leitete für diesen Abend das Tanzzeremoniell und stellte der neuen Komtess einige der jungen Herren vor; hier wurde die junge Frau nun zum ersten Mal nach ihrem Aussehen taxiert. Gefiel es, hatte sie sogleich Bewerber für die nächsten Tänze. Freilich gab es bei den Komtessen auch immer die Angst, keinen Tänzer zu finden, und diese Angst war in manchen Fällen gar nicht unbegründet.[23]

Für unattraktive Mädchen konnten schon die ersten Bälle mitunter bitter sein. Denn wenn ein Mädchen kaum zum Tanz aufgefordert wurde, konnte jeder sehen, dass ihre Chancen, einen ernsthaften Bewerber für ihre Hand zu finden, auf wackligen Beinen standen. Auch für Mütter war es oft schmerzhaft zu beobachten, wie ihre Töchter links liegengelassen wurden. Eine rührende Geschichte erzählte in diesem Zusammenhang Fürstin Fugger: Bei den Bällen in ihrer Jugend ergossen sich während des Kotillons, dem Höhepunkt des Balls, über die begehrtesten Komtessen wahre Blumenregen seitens der jungen Herren. Anschließend wurden die reichen Blumengaben in Körben aus dem Saal getragen. Am Ende des Balles gab man die Blumen ihren rechtmäßigen Besitzerinnen wieder, die die Körbe stolz mit nach Hause nahmen – denn volle Körbe signalisierten der Umgebung, dass man sehr begehrt war. Eines Tages aber häuften sich die Beschwerden, dass die Körbe mit weniger Inhalt hereingebracht wurden. Einige Ballbesucher hatten das Aufsichtspersonal in Verdacht, Blumen zu entwenden, und beschlossen der Sache nachzugehen. Man versteckte sich hinter den Vorhängen der Garderobe, um zu beobachten, wer denn stets Blumen stahl. Die Überraschung war ebenso groß wie berührend: Es war kein Diener, der die Blumen entwendete, sondern die Mutter einer wenig begehrten Komtess, die die leeren Körbe ihrer Tochter mit Blumen aus übervollen Körben etwas ausfüllte.[24]

Für die Komtessen war es von großer Bedeutung, sich einen Tänzer für den Kotillon zu sichern. Nichts war peinlicher für ein junges Mädchen, als wenn sie keinen Tanzpartner für den wichtigsten Tanz des ganzen Balls hatte. Dementsprechend mussten sich die Mütter bemühen, rechtzeitig mit ihren Töchtern beim Ball zu erscheinen – denn die Tanzpaare waren gleich zu Beginn des Abends ausgemacht. Wer zu spät kam, fand keinen Tänzer. Denn auch die jungen Herren wollten sich schnell die hübschesten Tänzerinnen sichern, und nicht mit einem Mauerblümchen fürliebnehmen. Einer Mutter, die mit ihrer heiratsfähigen Tochter zu spät zu einem Ball in der französischen Botschaft erschien, schleuderte ein besorgter Bekannter entgegen: „Wieder so spät!

Komtess „Maitz“ Kinsky, eine der berühmt hübschen Kinsky-Komtessen. Die Frauen der Familie Kinsky galten als die hübschesten des Adels, um 1888.

Ja wollen Sie denn, dass sie mit dem Nuntius den Kotillon tanzt? Alle Herren sind ja schon engagiert!“ [25]

Hochoffiziell wurde der Eintritt in die Welt der Erwachsenen aber erst mit dem ersten Hofball, den die Komtessen besuchten. Denn die blutjungen Komtessen wurden auf diesem Ball der Kaiserin vorgestellt – jetzt erst galten sie auch offiziell, und von Seiten des Hofes, als erwachsen. Die Obersthofmeisterin übernahm es, der Monarchin, die jungen und meist äußerst aufgeregten Frauen mit deren vollem Namen vorzustellen. Die Kaiserin sprach einige wenige Worte mit den neuen Komtessen und nach einem kurzen Kopfnicken waren sie entlassen.

Hatten sie die ersten Bälle sowie den ersten Hofball gut absolviert, tauten die jungen Frauen in der Regel auf und stürzten sich ins Vergnügen. Endlich durften sie an den gesellschaftlichen Ver-

Zwei Komtessen im Ballkleid, um 1860.

gnügungen teilhaben. Die strenge und oft karge Kinderstube lag hinter ihnen. Eine große Freiheit vor ihnen. Nicht wenige dachten, dass bald nach der Komtessenzeit und der ersehnten Verlobung ein neues, unabhängiges und weniger striktes Leben als Ehefrau begann – womit sich freilich die meisten täuschen sollten. Doch einstweilen bestand ihr Leben aus Tanz, Vergnügen und wildem Flirten. Die jungen Frauen mussten sich in dem Taumel aus Tanzwut, Lebenslust und notwendiger Sicherung von Tanzpartnern erst einmal zurechtfinden.

Bei den ersten Ballbesuchen konnte es auch hübschen Mädchen passieren, dass sie nicht flink genug zugriffen bei einer Aufforderung oder noch nicht wussten, dass es besser war, einen semi-respektierlichen Tänzer zu nehmen, als auf etwas Besseres zu warten. Dann standen sie plötzlich ohne Tanzpartner da, und die zuvor abgewiesenen Herren reagierten hämisch. Eine Erinnerung Alois Auers-

Zwei Komtessen in duftigen Ballkleidern und mit Kotillonblumen, um 1895.

pergs an einen Jugendball: „Einer von mir später hoch verehrten Dame, damals eine sehr junge rotblonde Schönheit, passierte es, dass sie eine solche Tanzaufforderung mit einer Ausrede ablehnte. Sie blieb aber sitzen und als der Abgewiesene schwungvoll an ihr vorbeitanzte, rief er siegestrunken: „Sixt es, Rotschopfete, da hast es!"[26]

Freilich galt es bei all dieser Lebensfreunde, das Ziel nicht aus den Augen zu verlieren: einen Ehemann zu finden. Und wenn eine Komtesse dieses Ziel kurzfristig vergaß, war sogleich die Mutter zur Stelle, um die Tochter daran zu erinnern. Eine möglichst gute Heirat war der Schlüssel zu einem standesgemäßen Leben – um nichts anderes ging es bei der aristokratischen Heiratspolitik. Emotionale Erwartungen oder gar Liebesheiraten ohne Rücksicht auf den Stand des Auserwählten wurden nicht zugelassen, und entsprechende Ideen den jungen Frauen schnell ausgetrieben. Denn nichts sicherte das Leben einer Tochter besser ab, als eine „gute Heirat".

Komtess Mary Taaffe, die Tochter des legendären Ministerpräsidenten und Jugendfreundes des Kaisers Graf Eduard Taaffe, um 1885.

Eine „gute Heirat" war eine Heirat innerhalb des eigenen Standes, mit einem Mann gleicher Herkunft; was eine Fortführung der Lebensweise garantierte, an die man in der Familie gewöhnt war. Das wichtigste Erbe der Aristokratie, ihr soziales Kapital – dieses Gemisch aus der Wahrung althergebrachter Regeln, einer Lebensweise nach den standesspezifischen Ansprüchen und Gewohnheiten sowie der Weitergabe dieses Habitus an die nächste Generation – wurde, so glaubte man, nur gewahrt, wenn man auch beim Heiraten unter sich blieb. Neuzugänge von außerhalb gefährdeten diese in sich geschlossene Gemeinschaft. Denn wer nicht selbstverständlich von klein auf in diese starren Formen geboren wurde, konnte Verhaltensweisen hinterfragen oder gar ändern wollen – beides war weder erwünscht noch erstrebt.

Das weitere Leben hing also davon ab, welchen Mann eine Komtess erwählte oder, exakter formuliert, welchen Mann sie für sich gewinnen konnte. Es galt jedenfalls, einen Mann zu wählen, der zumindest auf gleicher Ebene der Adelshierarchie stand (im besten Fall noch darüber), weil sich der Rang der Frau ausschließlich nach dem Ehegatten richtete. Eine Heirat „nach unten" bedeutete, dass auch die Ehefrau nun rangmäßig tiefer stand, als ihr vielleicht von Geburt an zukam. Männer hatten es hier wesentlich einfacher, weil sie eine rangmäßig tiefer stehende Frau ehelichen konnten, ohne selbst in der Rangordnung Schaden zu nehmen. Freilich versuchten die Männer auch, ihre zukünftigen Ehefrauen eher nach dem gleichen Rang auszuwählen. Für eine Prinzessin – wie die Töchter aus Fürstenhäusern betitelt wurden – kamen also ausschließlich Fürsten (diesen Titel hatte immer der Erstgeborene und Erbe der Hauses) oder Prinzen (die Brüder oder Söhne des Fürsten) in Frage. Mädchen aus gräflichen Familien waren angehalten, zumindest einen Grafen für sich zu gewinnen. Töchter aus freiherrlichen Familien (die rangniedrigste Stufe, die noch zum hohen Adel gerechnet wurde) durften keinesfalls in die nächste Kategorie des Adels, in den „Briefadel" einheiraten, dem ehemals Bürgerliche angehörten, die für ihre Verdienste für den Staat oder für eine jahrzehntelange Beamtenkarriere vom Kaiser geadelt worden waren.

Die Aristokratie war nicht nur unbarmherzig, was „Heiraten nach unten" betraf. Auch Ehen „hinauf", also ins Kaiserhaus, lehnte man ab – wenn auch aus völlig anderen Gründen. Der

Großteil des Adels betrachtete die wenigen Fälle, in denen Frauen aus den eigenen Reihen in das Kaiserhaus heirateten, als stete Quelle zukünftiger Konflikte. Denn einerseits wurde damit die Rangordnung innerhalb des Adels völlig durcheinander gebracht. Man betrachtete diese Frauen ja weiterhin als „seins gleichen", sprich so manche adelige Dame fand es schwer, vor einer Erzherzogin den Hofknicks zu machen, der sie vor nicht allzu langer Zeit noch ebenbürtig gegenüberstand. Andererseits erwartete gerade der Adel, dass das Kaiserhaus seiner strengen Heiratspolitik treu blieb, was hieß, dass Mitglieder des Erzhauses nur Frauen von königlichem Geblüt heiraten durften. Weniger wegen der Vorbildwirkung, vielmehr, weil man nicht wollte, dass einige Adelsfamilien durch Heiraten zu mehr Einfluss kamen.

Äußerst spitz wurden manche Heiraten im Kaiserhaus kommentiert. Besonders schwer hatte es Erzherzogin Isabella, die Gemahlin Erzherzog Friedrichs, die selbst als geborene Prinzessin Croy laut Habsburgischem Hausgesetz keine standesgemäße Heiratskandidatin war. Die beiden hatten acht Töchter, die es um 1900 ordentlich zu verheiraten galt. Die Zahl der hierfür infrage kommenden, ebenbürtigen, katholischen Partner war aber extrem klein. Mutter Isabella versuchte natürlich, mit einer Charmeoffensive jeden potentiellen Kandidaten für ihre Familie zu gewinnen – was vom Adel stets beißend kommentiert wurde, meist gleich mit einem Hinweis auf ihre eigene Abstammung: „Erzherzogin Isabelle (sic) ist beim Diner neben Heinrich von Bayern gesessen. Sie war bezaubernd mit ihm! Er würde gut für eine ihrer Töchter passen. So eine Mestizen-Heirath mit beiderseitig gemischtem Blut!"[27] Die Ressentiments gerade gegen die Heiratspolitik von Erzherzogin Isabella, die ihre Töchter nicht nur in Königshäuser, sondern auch in die Hocharistokratie verheiratete, waren unter anderem im engen Heiratsmarkt begründet. Sobald auch noch steinreiche Erzherzoginnen beim Heiratskarussell mitmischten (Erzherzog Friedrich war durch sein Teschener-Erbe einer der reichsten Männer der Monarchie), verringerten sich die Chancen für die Komtessen.

„Liebe ist nur etwas für Stubenmädeln",[28] hieß es für eine Komtess. Nicht persönliches Glück sollte das Ziel ihrer Heirat sein, sondern sie sollte sozusagen in einen, zu ihrem Stand passenden Aufgaben- und Wirkungsbereich einheiraten.[29] Was die verwandtschaftliche Ehe betraf, waren Heiraten zwischen Cousins ersten

Prinz Karl Schwarzenberg mit seiner Braut, um 1880.

Grades zwar nicht erste Wahl, von manchen Familien auch nicht gewünscht, aber auch nicht tabu. Es kursierte zwar im Adel der Spruch „Geschwisterkinder-Heirath – taubstumme Kinder",[30] aber oft schob man dieses Argument eher vor, wenn man unliebsamen Verbindungen aus dem Weg gehen wollte, ohne sich deklarieren zu müssen. Unpassend fand man Verwandtenehen nicht – und allemal besser als Ehen mit Männern, die nicht als lupenreine Aristokraten galten.

Für den Hochadel waren schon die Söhne vieler ungarischer Landedelfamilien, mochten diese auch als sehr alt gelten, keine geeigneten Heiratskandidaten. Wollte sich eine Komtess mit solch einem rangniedrigeren Mann vermählen, beziehungsweise wagte es etwa ein Mann, der nicht fürstlichen Geblüts war, um die Hand einer Prinzessin anzuhalten, so war die Empörung groß. Als sich Prinzessin Mary Hohenlohe-Bartenstein in den ungarischen Grafen Albert von Lonyay verliebte, der nicht im Gothaischen Alma-

Ein frisch getrautes ungarisches aristokratisches Ehepaar beim Verlassen der Kirche, um 1910.

nach zu finden war und deshalb als „untituliert“ galt, ja der nicht einmal Erbe des Familienvermögens war, und die Mutter um ihre Erlaubnis zur Heirat bat, brach ein Donnerwetter an Vorwürfen auf das junge Mädchen ein. Schließlich schleuderte ihr die Mutter in ihrer übergroßen Erregung entgegen: „Wie denkst du dir das eigentlich? Da wird man dich am Ende gar noch mit ‚Gnädige Frau‘ ansprechen müssen!“ [31] Prinzessin Mary, die sich weigerte, einen anderen Mann zu heiraten, musste schwer dafür bezahlen. Die Eltern verweigerten ihre Zustimmung und erschienen, wie auch der Bruder, nicht zur Trauung. Nach der Trauung in einer einfachen Landkapelle durfte die Braut, die „nach unten“ und gegen den Willen der Eltern geheiratet hatte, nicht die Familienequipage verwenden, um zum Bahnhof zu kommen – ein Bauernfahrwerk brachte die Neuvermählten zur Station: ein mehr als deutliches Zeichen einer gesellschaftlichen Verurteilung.[32]

Ehen mit Bürgerlichen waren für Aristokratinnen nicht nur unpassend, sondern in der damaligen „Ersten Gesellschaft" geradezu unvorstellbar. Es ist aus dem Hochadel kein Fall bekannt, dass einer jungen Aristokratin eine Ehe mit einem Bürgerlichen bewilligt worden wäre. Es stellt sich natürlich auch die Frage, ob eine solche Heirat für die jungen Frauen selbst überhaupt vorstellbar war – sie hatten schließlich niemals die Möglichkeit, Männer kennenzulernen, die nicht aus ihren Kreisen kamen.

Ganz anders verhielt es sich bei den Männern. Diese hatten nicht nur die Gelegenheit, Frauen außerhalb ihres Standes kennen zu lernen, sondern auch wesentlich mehr Chancen, eine unstandesgemäße Liebesheirat durchzusetzen. Heirateten sie allerdings schon außerhalb ihres Standes, so entschieden sich die Männer oft nicht für Bürgers- oder Industriellentöchter, sondern gleich für Künstlerinnen. Die Zahl derer, die sich über alle Konventionen hinwegsetzten und Schauspielerinnen oder Sängerinnen heirateten, war gar nicht so gering. So heiratete die Burgschauspielerin Buska den Grafen Josef Török, die Schauspielerin Janisch den Diplomaten Graf Ludwig Arco[33], die Starschauspielerin Charlotte Wolter den Grafen O'Sullivan de Grasse und die berühmte Sängerin Marie Taglioni einen Grafen Windisch-Graetz.[34] Als die Gesellschaft wieder einmal von unfürstlichen Heiratsplänen überrascht wurde, ätzte Graf Eugen Czernin: „Drei Prinzen Thurn u. Taxis heiraten Theaterdamen, wie jetzt Mode unter den Fürsten!"[35] Keine drei Monate später aber findet sich bei Czernin eine Tagebucheintragung, die andeutet, wie aristokratische Familien solche Heiratspläne zu beenden wussten. Czernin schreibt, dass es nun doch keine Heiraten gäbe, „aber hohe Zahlungen an die Bräute!"[36] Für die ungewöhnlichste Verbindung sorgte aber definitiv Graf Vaclav Kaunitz, der in zweiter Ehe mit einer Köchin verheiratet war. Schon die erste Ehe des Grafen Kaunitz mit der bürgerlichen Josefina Cermakova war äußerst ungewöhnlich. Erwähnenswert ist, dass Graf Kaunitz einen später berühmt gewordenen Konkurrenten um die Hand der hübschen Josefina gebeten hatte. Nämlich den Komponisten Antonín Dvořák, der sich, nachdem ihm der Graf seine Angebetete ausgespannt hatte mit deren jüngerer Schwester vermählte.

Anlässlich des Todes von Graf Kaunitz vermerkte der Schwager von Thronfolger Franz Ferdinand in seinem Tagebuch: „Damit stirbt dann dieses nicht so illustre Geschlecht sehr unilluster!“ [37]

Der einwandfreie Stammbaum eines Mannes war für die Wahl einer Komtess also die Pflicht. Die Kür war die Stellung des Mannes innerhalb seiner Familie. Denn nur die Erstgeborenen, die so genannten „Majoratsherren“(die Erben der „Majorate“, wie das gebundene Vermögen des Adels hieß, vergleichbar heutigen Stiftungen) ließen die Herzen der Mütter höher schlagen. Beim Adel galt ausschließlich das Erstgeburtsrecht. Der älteste Sohn erhielt den Titel, die Schlösser und Palais sowie das gesamte bewegliche und unbewegliche Vermögen. Die jüngeren Brüder des Erben erhielten außer dem Glanz eines alten Namens wenig – eine Apanage und das Absteigerecht im Familienschloss, bestenfalls eine fixe Wohnung in einem der Schlösser. Auch mussten sie im Gegensatz zum Erben eine Betätigung finden, wofür in der Regel nur der Militärdienst und der Hofdienst infrage kamen – beides mäßig bezahlt, aber zumindest ehrenvoll.

Die künftige Frau eines Majoratsherrn oder Majoratserben war nicht nur finanziell glänzend abgesichert. Als Ehefrau des Familienchefs hatte sie auch die erste Stellung innerhalb ihrer neuen Familie. Natürlich versuchten sämtliche Mütter, ihre Töchter mit Majoratsherren zu verheiraten – die naturgemäß Mangelware waren. Aus den Erinnerungen einer Aristokratin an ihre Komtessenzeit: „Erschien ein solcher durch das Erstgeburtsrecht begünstigter Sprosse eines hochadeligen Geschlechts, ein „épouseur“, in der Welt, reckten alle Mütter die Hälse und eiferten ihre Töchter zu freundlichem Entgegenkommen an. Manche Mütter hatten eigene Notizbücher, in denen Namen und Einkünfte solcher „épouseurs“ verzeichnet waren.“ [38] Von einer besonders engagierten Mutter wurde berichtet, dass sie zu Festivitäten in ihrem Palais ausschließlich künftige Majoratsherren einlud, um die Chancen ihrer Tochter zu erhöhen.[39] Ließ eine Komtess einen künftigen Majoratsherren abblitzen, war ihre Familie entsetzt und die Gesellschaft sehr verwundert: „Der Gardist Thurn scheint ein Körbchen von der hübschen Tochter von Geza Andrassy bekommen zu haben, obwohl der ein wirklicher Epouseur ist!“ [40]

Doch selbst, wenn die Komtessen den Erwartungen ihrer Familien nachkamen und Ausschau hielten nach einem standesgemä-

Mädchenfreundschaften hielten oft ein ganzes Leben lang, der gemeinsame soziale Hintergrund und die gleiche Lebensweise verbanden, um 1910.

ßen Partner, der im besten Fall auch noch Erbe war, war noch nicht gesagt, dass es nun einfach werden würde. Denn der Heiratsmarkt war stets eng, deshalb mussten die Komtessen auch einiges an Kapital einsetzen. Neben einem eigenen tadellosen Stammbaum (der eigentlich schon vorausgesetzt wurde) bestimmten Vermögen und Schönheit den Wert der Heiratskandidatin. Auf das Vermögen achteten vor allem die Familien der potentiellen Brautwerber, und diese konnten unbarmherzig sein, wenn man nur eine bescheidene Mitgift zu bieten hatte. Bevorzugt wurden naturgemäß kapitalkräftige Komtessen, die zum Vermögen der Familie des Bräutigams einen bedeutenden Beitrag beisteuern konnten; und das konnten nun nicht gar so viele. Die Töchter von nachgeborenen Söhnen etwa hatten oft nicht das gleiche Heiratskapital wie die Töchter von Majoratserben. So mancher junge Erbe wurde beim Flirten von seinen Eltern energisch zurückgehalten, wenn die Angebetete keine Aussicht auf ein bedeutendes Vermögen hatte. Auch alte, hoch angesehene Familien taten sich mitunter schwer, den finanziellen Erwartungen der Familien der Heiratskandidaten standzuhalten. So manche Mutter fürchtete um die Zukunft ihrer Tochter, wenn die Familie wenig Vermögen besaß. Valerie Windisch-

Komtess Clotylda Mensdorff, die dem klassischen Schönheitsideal entsprach: schlanke Taille, dunkles Haar, feine Gesichtszüge, um 1885.

Graetz: „Es ist ja leider bei Töchtern eine glückliche Zukunft so viel leichter greifbar wenn sie Vermögen haben ... ein Mädchen, ... wenn es nicht reich ist, braucht eine Extra-Chance, damit es gelingt sie gut zu verheiraten.“ [41]

Das zweite, äußerst wichtige Kapital, das eine Heiratskandidatin mitbringen musste, war das Aussehen. Und hier war der Heiratsmarkt wirklich grausam. Wer nicht mithalten konnte, hatte es sehr schwer – oder blieb übrig. Es war enorm wichtig, dass ein Mädchen „en beauté“ war, um einen Heiratskandidaten zu bekommen. Erwartet wurde, dass eine Komtess mittelgroß war, eher noch zu klein als zu groß. Sie sollte gerade gewachsen sein, eine äußerst schmale Taille, jedoch auch weibliche Rundungen haben, ohne übergewichtig zu sein – mager durfte sie gerade noch sein, aber nur, wenn sie dafür sehr hübsch war.[42] Ein Mädchen sollte schnee-

Die gefeierte Schönheit Prinzessin Aglae Auersperg.
Sie galt als schönstes Mädchen ihrer Generation, war die Tochter des langjährigen Ministerpräsidenten Adolph Auersperg und die beste Freundin der Kaisertochter Marie Valerie, um 1888.

weiße Haut, einen ebenmäßigen Teint, hübsche Gesichtszüge und zarte Hände haben. Wenn möglich, sollte ihr Haar dunkel sein, denn dunkles Haar war im 19. Jahrhundert, was heute blondes ist: bei Frauen und Männern am begehrtesten.

Die Mütter achteten darauf, dass ihre Töchter von klein auf alles taten, um ihre Schönheit zu behalten (oder sie durch Achtsamkeit und Pflege zu erwerben): Mädchen sollten stets Sonnenschirm und Handschuhe tragen, um den weißen Teint zu schützen – Bräune oder abgeriebene Hände schreckten Verehrer ab. Selbst beim Schlafen mussten manche Mädchen Mieder tragen, um die Taille schlank zu halten. Auf die Finger kamen enge Fingerhüte, damit die Fingerspitzen verschmälert wurden.[43] „Il faut souffrir pour etre belle“: Für die Schönheit muss man leiden, galt als Durchhalteparole. Denn die Schönheit eines Mädchens war Voraussetzung für eine blendende Partie. Schönheitsmittel und Tricks gab es viele – ob sie wirkungsvoll waren, ist fraglich. Die erhaltenen Überlieferungen zeigen aber, dass der Schönheit eine enorme Bedeutung beigemessen wurde.[44]

Für junge Männer zählte die Schönheit einer Frau mehr als Reichtum und Stellung. (Bei deren Eltern war es freilich umgekehrt, diese legten auf eine reiche Heirat mehr Wert.) Ludwig Windisch-Graetz lehnte etwa die (von seiner Mutter gewünschte) Ehe-Anbahnung mit einer Erzherzogin glatt ab: Er fand sie nicht reizend genug. Selbst jungen Frauen aus feinsten Familien, die auch noch über ein großes Vermögen verfügten, konnte ein Mangel an Schönheit zum Hemmschuh werden. Graf Eugen Czernin vertraut etwa seinem Tagebuch an, wie sehr er die beiden Töchter seines Freundes des Fürsten Salm bedaure, die, obwohl „voll Güte und Gemüth, ein wahres Muster einer guten Erziehung", trotz ihrer „ausgezeichneten Eigenschaften keine Freier finden", aus dem einzigen Grund: weil sie „nicht schön" seien.[45]

Dagegen konnte ein außergewöhnlich hübsches Mädchen ohne große Mitgift relativ leicht einen Mann finden. Prinzessin Aglae Auersperg, Tochter des ehemaligen Ministerpräsidenten Adolph Auersperg und beste Freundin der Kaisertochter Marie Valerie, war eine der bekanntesten Schönheiten der Gesellschaft. Obwohl ihr Vater durch seine Stellung als zweitgeborener Sohn kaum über eigenes Vermögen verfügte und ihr keine hohe Mitgift geben konnte, war sie wegen ihrer Schönheit eine der begehrtesten Partien. Sie heiratete schließlich den gut aussehenden und selbst äußerst begehrten jüngsten Sohn des Fürsten Kinsky. (Was dann doch einige Probleme aufwarf, denn in diesem Fall traf zwar Schönheit auf blendendes Aussehen, aber Geld für einen standesgemäßen Lebensstil war kaum vorhanden. Das gut aussehende Paar hatte jedoch Glück, denn ein reicher und kinderloser Onkel des Bräutigams setzte schließlich die beiden als seine Erben ein).[46]

Mit Beginn der gesellschaftlichen Saison zur Faschingszeit setzte also die – inoffizielle – Jagd der Mütter und Töchter nach den besten Partien ein. Jeder potentielle Bewerber wurde taxiert, seine Familienverhältnisse durchleuchtet, mögliche Chancen auf Erbschaften ausgemacht, und in der Folge versucht, den Wunschkandidaten unauffällig einzuladen und bei Feiern mit der Tochter zusammenzusetzen.

Die Komtess „Pepe“ und „Lintsch“ Trauttmansdorff, um 1880.

Alle Mütter besprachen mit ihren Verwandten mögliche Heiratskombinationen – die überhaupt einen Großteil der Korrespondenz von Aristokratinnen ausmachte. Genauso eifrig wie die eigenen Heiratspläne wurden jene der anderen beobachtet und kommentiert. Der Tratsch erreichte jetzt seinen jährlichen Höhepunkt. Da die Aristokratie eine vielfach miteinander verschwägerte Gruppe war, deren verwandtschaftliche Verbindungen Nichtmitglieder nur sehr schwer durchschauten, konnten bei den Heiratskombinationen (bei denen auch noch Tatsachen mit Wünschen vermischt wurden) Außenstehende kaum noch durchblicken. Jeder wusste von jedem, wessen Tochter auf der Suche war. Gleichzeitig hatte jede Familie Heiratswünsche, die oft dieselben waren wie jene der anderen Familien. So mancher Wunschschwiegersohn musste wieder aufgegeben werden, wenn sich herausstellte, dass ihn die Tochter doch nicht für sich gewinnen konnte: „Die Hoffnungen auf

Brautpaar Esterhazy-Stockau, um 1885.

Georgl werden wohl wenig realen Hintergrund gehabt haben".[47] Hinzu kam noch, dass die Protagonisten, die jungen Damen und Herren, was ihre Herzensangelegenheiten betraf, eigene Vorstellungen hatten, die oft gar nichts mit jenen der Familien zu tun hatten. Oft wussten die lieben und eifersüchtig beobachtenden Konkurrenzfamilien mehr über den aktuellen Stand einer „Anbahnung" als die betreffende Familie selbst.

Ein Beispiel für solch einen komplizierten Liebesreigen, das für unzählige dieser Art in den Korrespondenzen steht und zeigt wie kompliziert die Heiratsphase war: „Nanny hat mir die Confidence gemacht, dass Cari Trauttmansdorff in Maritschi Auersperg verliebt ist und man hofft, dass etwas daraus wird! Ich kenne mich nicht aus und glaube, die Auersperg ahnen nichts davon, denn Maritschi hat immer Courmacher. Sie ließen sie auch gestern allein zu einem Tanzerl zu Trauttmansdorff gehen. Die nächsten Tage wird (sic!)

zeigen, was daran ist. Josl hat mir auch davon gesprochen was mir nicht angenehm ist. Cari soll ihre Liebe sein."[48]

Von den Müttern besonders beobachtet wurde stets, um wen sich die Söhne der höchsten Adelsfamilien bemühten: „Großes sujet de conversation bei Nanny ist dass Johannes Liechtenstein bei Amelitzy Fürstenberg anbeißen soll!"[49] Die begehrten Erben der Aristokratie und deren Mütter mussten bei Heiratskonstellationen extrem vorsichtig sein, wenn sie nicht wollten, dass angebahnte Verbindungen zu früh bekannt wurden. So manche Familie täuschte harmlose Reisen vor, damit nur ja niemand eventuelle Heiratsgespräche herausfand – denn die Majoratsherren standen von allen heiratsfähigen Männern am meisten unter Beobachtung.[50]

Gegen Ende einer Saison begannen sich die Paare, die sich gefunden hatten, herauszukristallisieren. Man versuchte zwar, bis zur offiziellen Verlobung, die Nachricht einer etwaigen Verbindung dezent zurückzuhalten. Doch die Standesgenossen wussten immer sehr schnell, wer sich gefunden hatte oder kurz vor einer Verlobung stand. Eine Briefstelle: „Es ist ein Gemunkl, das A. Festetics Carl Windischgrätz heirathen soll!"[51]

Hatte ein junger Mann bei einer Komtess erste Absichten (denn die Initiative ging nur von Männern aus), suchte er längere Konversationen, machte Komplimente und bat sie öfter als üblich zum Tanz. Wer während einer Saison zweimal mit derselben den Kotillon tanzte, wurde fast schon als ihr Verlobter betrachtet – zumindest ging man davon aus, dass derjenige bald bei den Eltern vorsprechen werde. Eine anständige Komtess hatte auf diese Aufmerksamkeiten entweder freundlich zu akzeptieren oder deutlich abzulehnen.[52] Unkontrolliertes Flirten, das „Sammeln" von Verehrern galt als ordinär und verpönt – so gerne sich junge Frauen auch in der Aufmerksamkeit der Männer sonnten. Als die junge Prinzessin Nora Hohenlohe bei einem Ball ihre sechs Kotillontänzer um sich versammelte – einer saß zu ihrer Rechten, einer zu ihrer Linken, die übrigen vier hinter ihr – und sich im Kreis ihrer Bewunderer sonnte, streifte sie beim Erscheinen der Mutter ein böser Blick. Das wahre Donnerwetter kam aber erst bei der Heimfahrt, als sie von ihrer Mutter mit einer Strafpredigt bedacht wurde, deren Inhalt sie, wie sie sich ausdrückte, „nicht wiederholen kann und will".[53] Der Ruf einer jungen Frau musste tadellos sein und bleiben, umso mehr als dieser als Kapital für eine erfolgreiche Heirat unverzichtbar war.

Ließ ein junger Mann ernste Absichten erkennen, zogen die Eltern der jungen Frau Erkundigungen ein. Danach musste der Bewerber in einem persönlichen Gespräch mit ihnen seine Absichten sowie seine Aussichten auf Vermögen und Laufbahn darbringen. Die Familie der Komtess musste stets darauf achten, sie nicht zu kompromittieren, indem man versuchte, den Lauf der Dinge etwas zu beschleunigen. Weder ließen sich die jungen Männer drängen, noch war dies ungeduldige Verhalten seitens der Familie gut für weitere, künftige Bekanntschaften, da sich drängende Eltern schnell herumsprachen. Übereilte Einladungen oder unvorsichtige Äußerungen konnten schnell zu einem Abbruch des Werbens führen. Überreichte der Mann seiner auserwählten Komtess jedoch kleine Aufmerksamkeiten, befand sich das Paar schon in einer Vor-Verlobungsphase.

Wenn sich ein Paar in seinen Gefühlen – oder zumindest Erwartungen – einig war und die Eltern beider ihr Einverständnis gegeben hatten, begannen, vor der offiziellen Bekanntgabe der Verlobung, die Verhandlungen über die Mitgift. Und hier kam es nicht selten zu wahren Feilschereien. Hinsichtlich des finanziellen Aspekts einer Heirat dachte der Adel sehr praktisch: Eine perfekte Verbindung zur Wahrung des Stammbaums war gut, eine zusätzliche solide finanzielle Grundlage einer Ehe noch besser. Beide Seiten, die Familie der Braut wie des Bräutigams, versuchten herauszuholen, was nur ging. Die Mitgift der Braut sollte so hoch wie möglich sein, entsprechend annehmbar das Heiratsgut des Bräutigams. So manche Familie flunkerte bei den ersten finanziellen Erkundigungen, die die Familie des Bräutigams einholten. Zähe Nachverhandlungen, immer vor dem drohenden Hintergrund einer geplatzten Verlobung, die für beide Seiten peinlich wäre, waren an der Tagesordnung. Manche Familien einigten sich schnell, manche rangen um jede Kleinigkeit. Manche hatten zu hoch gepokert und mussten nun die Karten offen auf den Tisch legen, und manche weigerten sich, zu geben, was sie versprochen hatten: „So empörte man sich bei den Mitgift-Verhandlungen anlässlich einer Verbindung der Familien Trauttmansdorff und Auersperg, dass der Brautvater alle „über's Ohr" gehaut habe und statt der versprochenen hohen Summe lediglich einen Minimalbetrag zu bezahlen gedachte."[54]

Die reichen und mächtigen Familien ließen sich freilich nicht „über's Ohr hauen". Im Fall etwa einer Tochter des regierenden Fürsten Liechtenstein, wurde ein Heiratsvertrag aufgesetzt, der hieb und stichfest war. Die Mitgift einer Prinzessin Liechtenstein, oder einer Prinzessin Schwarzenberg, war so groß, dass die Familie der Braut praktisch alle finanziellen Bedingungen einer Eheschließung diktieren konnte. Als Prinzessin Eleonore Liechtenstein den Fürsten Schwarzenberg heiratete, brachte sie so viel Vermögen in die an sich schon reiche Familie Schwarzenberg mit, dass ihr Vater eine absolute Absicherung seiner Tochter verlangte. Denn die junge Eleonore erhielt anlässlich ihrer Hochzeit nicht nur von ihrem steinreichen Vater ein enormes Heiratsgut, auch ihr Großvater Fürst Esterhazy überließ ihr nun ein riesiges Vermögen. So bestand in diesem Fall der Vater der Braut darauf, dass nicht, wie sonst üblich, nur der Vater des Bräutigams die Bürgschaft für die Einhaltung des Ehevertrags übernahm, sondern dass diese Bürgschaft im Todesfall des Schwiegervaters und des Ehemannes auch auf alle eventuellen nachfolgenden Familienchefs überging – hier wurde eine goldene Braut absolut abgesichert.[55]

Üblicherweise wurde im Ehevertrag festgehalten, wie viel Kapital die Braut in die Ehe einbrachte und wie viel der künftige Ehemann „widerlegte", das heißt, um wie viel er das Kapital, das sie in die Familie mitbrachte, aufstocken würde.[56]

Geregelt wurde außerdem, wie viel Geld eine Frau jährlich zu ihrer freien Disposition haben würde – das so genannte „Spenadelgeld". Wohnmöglichkeiten in den Familienschlössern und Palais sowie das Anrecht auf Wagen und Pferde wurden ebenfalls festgeschrieben. Teil der Mitgift war fast immer – und wurde auch vertraglich festgesetzt – ein diamantenes Diadem samt Collier, das die Braut mitbrachte und womit sie den Familienschmuck ihrer neuen Familie aufstockte. Deren Hausschmuck durfte die Braut hingegen lediglich tragen; er verblieb im Eigentum des Bräutigams. Bei sehr reichen Bräuten konnten die Brauteltern ausverhandeln, dass Teile der Mitgift im persönlichen Vermögen der Braut blieben.

War man sich endlich über die finanziellen Modalitäten einig geworden und die Heiratsverträge unter Dach und Fach, konnte die Verlobung bekanntgegeben werden. Nach außen demonstrierte man bestes Einvernehmen, unabhängig davon, ob man erst kurz

Eine prächtig geschmückte Braut: Gräfin „Musch“ Nostitz in Brautrobe und kostbarem Familiendiadem, um 1883.

zuvor über jedes Detail verhandelt hatte. Oder, wie ein Zeitgenosse nach Beendigung einer langen Vorlaufzeit süffisant schrieb: „Es ist schon geschehen. Die Heirath ist deklariert und wie immer bei diesen Gelegenheiten der Himmel voller Geigen.“ [57]

Für die jungen Frauen begann jetzt der angenehme Teil der Verlobungsvorbereitung. Sie durften den so genannten „Trousseau“ besorgen – also einkaufen gehen. Denn zur klassischen Mitgift der Komtessen gehörte auch der Trousseau – die Aussteuer, also der gesamte Hausrat, den die Braut von ihrer Familie mitbekam und der nach der Verlobung gekauft und erstellt wurde: eine komplette und neue Garnitur Kleidung (kostbare Festkleider, aber auch Tageskleider und Wäsche, Hüte, Handschuhe, Strümpfe, Nachtwäsche), Weißwäsche und Bettwäsche, Damast, Seide und Spitze für die Wohnung, vor allem aber Teile des Familienschmucks. Beim Trousseau gerieten sich Mütter und Töchter regelmäßig in die Haare.

Das Brautpaar Kinsky-Wilczek, um 1880.

Die jungen Frauen hatten natürlich ganz andere Vorstellungen als ihre Mütter. Sie wollten lieber mehr Kleidung, vor allem aber kostbare Ball- und Putzkleider anstatt praktischer Hausratsstücke, die jedoch auch mitgebracht werden mussten. Streitereien waren an der Tagesordnung. Rudolf Liechtenstein über die Einkaufstouren einer seiner Nichten: „Bei der Besorgung vom Trousseau soll es bei jedem einzelnen Stück Schlachten geben!“ [58]

Die fröhliche, bunte Komtessenwelt, dieser Rausch an Bällen, Festen, Verehrern und erstem Herzklopfen, der in einer Heirat mündete, hatte aber auch eine Schattenseite. Dann nämlich, wenn eine junge Frau diese Zeit nicht „nutzen“, also keine Heiratskandidaten für sich gewinnen konnte. Und für jene, die nach einer Saison (oder gar einer zweiten) keine ernsthaften Bewerber vorzuweisen hatten, entstand ein enormer sozialer Druck. Schon nach einiger Zeit, wenn sich während einer Saison keine Courmacher einfan-

Der Hochzeitszug bei der Heirat des Grafen Attila Neipperg, um 1910.

den, begannen sie nervös zu werden – was für ihr Auftreten nicht unbedingt förderlich war. Jede weitere Saison ohne ernsthafte Aussichten wurde zum Spießrutenlauf in der Gesellschaft – man stand unter permanenter Beobachtung. Die eigene Familie, die Bekannten und Freunde, alle bekamen mit, wenn sich bei einer Komtess keine Angebote einstellten. Unsichere, wacklige Heiratskombinationen und oftmalige Ablehnungen konnten derart an den Nerven der jungen Frauen zerren und sie wegen ihrer Verletzungen auch mitunter die Contenance verlieren lassen. Manche Komtess fand nicht nur einen guten Bewerber, sondern verliebte sich auch in ihn, sah sich schon vor dem Traualtar – bis der Kandidat von seinen Eltern gedrängt wurde, diese Verbindung zu beenden (so vor allem die Eltern von Majoratsherren, die keine Schwiegertochter ohne große Mitgift wünschten).

Eine Komtess, die von einem vermeintlichen Verehrer abgewiesen wurde, fand sich beim Mitternachtsdiner eines Balles zufällig als seine Tischdame. Die Schmach und die Peinlichkeit, vor allen hier neben jenem jungen Mann zu sitzen, der sie offen brüskiert hatte, ließen die junge Frau jegliche Contenance verlieren und endeten in Vorwürfen. Sie habe „ihm mit schließlich ausbrechenden Thränen vorlamentiert über die Versetzungen, deren Opfer sie ist. Eine angenehme Situation!“[59]

Komtessen, die schon mehrere Enttäuschungen hinter sich hatten, neigten mitunter dazu, die erste Gelegenheit zu einer Ehe zu ergreifen, ohne zu überlegen, ob der Mann überhaupt über genügend

Der Hochzeitszug bei einer Hochzeit der Familie Khevenhüller, um 1910.

Mittel verfügte, um ihren bisherigen Lebensstandard garantieren zu können. Eine Prinzessin Fürstenberg, die eine Enttäuschung nach der anderen erlebt hatte, gab dem ersten ernsthaften Bewerber, der ihr einen Antrag machte, eine sofortige Zusage. Ihr überschnelles „Ja" hatte den Bewerber aber eher abgeschreckt als angezogen: „Er hat sehr komisch erzählt, wie sie sogleich unter Thränen ihre Zustimmung gegeben hat u. auf seine schwachen finanziellen Mittheilungen gar nicht gehört hat." [60]

Junge Frauen standen aber auch unter einem enormen Druck, die Erwartungen ihrer Familien auf eine exzellente Heirat zu erfüllen. Begann sich langsam aber sicher abzuzeichnen, dass sie keine geeignete Verlobung zustande bringen konnte, wurde sie, oft auf penetrante Weise, bei jeder Gelegenheit daran erinnert – mit dem Erfolg freilich, dass ihr bereits angeschlagenes Selbstbewusstsein noch stärker sank. Fürst Rudolf Liechtenstein über die Enttäuschung seiner Schwester über ausgebliebene Verlobungen ihrer Enkelinnen: „Wenn sie von der Freude über die Heirath des Enkels spricht, setzt sie am Ende jedesmal hinzu: ‚Aber wenn es eine von den Enkelinnen gewesen wäre, hätte es mich noch mehr gefreut.' Wenn die Enkelinnen dabei sind, entschuldigen sie sich dann immer!" [61]

Gelang es einer schwer vermittelbaren Komtess dann doch endlich, einen Heiratskandidaten zu erobern, noch dazu nach eventuellen Enttäuschungen, war es den Müttern immer ein besonderes Anliegen, sofort alle Verwandten und Bekannten davon in Kenntnis zu setzen. Jeder im Freundeskreis sollte sehen, dass die lang

Das Brautpaar Lamberg, 1860.

wartende Tochter endlich unter die Haube kam. Als ein künftiger Schwiegersohn den Großteil seiner Zeit nicht bei seiner Braut in Wien, sondern jagen war, klagte die zukünftige Schwiegermutter: „Wenn wir nur einmal mit ihm hätten in's Theater gehen können, damit die Leute doch sehen dass wir einen lebenden Bräutigam haben!"[62]

Die Eheschließung selbst lief stets nach dem gleichen Ritual ab. Wurde in Wien gefeiert, war die kirchliche Trauung meist in einer der großen Wiener Kirchen, Sommerhochzeiten auf den Landgütern fanden meist in den Schlosskapellen statt – immer auf den Gütern der Brauteltern. Anschließend gab es große Empfänge in den Palais, mit Diners und Hochzeitsball.

Die Soireen zu den großen Adelshochzeiten waren große gesellschaftliche Ereignisse, zu denen auch Hofwürdenträger erschienen.[63] Die großen, oft riesigen Hochzeitssoireen hielten die jungen Frauen eine Weile davon ab, Traurigkeit über die bevorstehende

Das Hochzeitspaar Graf und Gräfin Lamberg, 1860.

Trennung vom Elternhaus aufkommen zu lassen. Der Schritt, den sie nun setzen mussten, war groß. Ihr ganzes bisheriges Leben hatten sie stets nur bei ihrer Familie verbracht. Die Außenwelt kannten sie nicht und fast ebenso wenig ihren zukünftigen Mann, den sie bislang nur auf einigen Bällen, Soireen und Festen getroffen hatten. Diese Zusammentreffen waren – bei allem möglichen Herzklopfen und eventueller Verliebtheit – doch zu wenig, um wirklich wissen zu können, wie der Mensch war, dem sie von nun an bis an ihr Lebensende verbunden bleiben mussten. Über eine Hochzeitssoiree bei der Familie berichtet ein Zeitgenosse: „Bei so einer Soiree thun mir immer eine Menge Leute leid, es ist aber gewiss besser wenn Leute da sind, als wenn im Familienkreise die Rührung die Oberhand bekommt.“ [64] Leicht fiel den Töchtern und Müttern der Abschied nicht – ab jetzt würden die jungen Frauen zu einer anderen Familie gehören: „Unter der hübschen Außenseite hat es drinnen in manchem Herzen recht geschmerzt, aber Alle waren tapfer.“ [65]

Nach der Hochzeit zog sich ein frisch verheiratetes Paar auf ein Schloss seiner Familie zurück. Richtige Hochzeitsreisen ins Ausland kamen erst mit der Eisenbahn auf, davor fuhren nur einige wenige weiter weg. Um die Jahrhundertwende hingegen wurde es üblich, an die Riviera oder nach Venedig zu reisen.

Die jungen Frauen gingen unberührt in die Ehe. Aufgeklärt wurden sie fast gar nicht. Unleugbare körperliche Entwicklungen wurden im Laufe ihrer Erziehung kurz angesprochen; aber was in der Hochzeitsnacht passierte, wussten viele von ihnen nicht einmal bei der Trauung. Nicht nur in der Aristokratie, in der gesamtem besseren Gesellschaft des 19. Jahrhunderts gingen junge Frauen nicht nur unberührt, sondern auch derart unwissend in die Ehe, dass sie nicht selten völlig falsche Schlüsse aus dem Verhalten ihres Mannes in der Hochzeitsnacht zogen. Der Schriftsteller Stefan Zweig über einen Fall in seiner Familie. „Noch heute amüsiert mich die groteske Geschichte einer Tante von mir, die in ihrer Hochzeitsnacht um ein Uhr morgens plötzlich wieder in der Wohnung ihrer Eltern erschien und Sturm läutete, sie wolle den grässlichen Menschen nie mehr sehen, mit dem man sie verheiratet habe, er sei ein Wahnsinniger und ein Unhold, denn er habe allen Ernstes versucht, sie zu entkleiden. Nur mit Mühe habe sie sich von diesem sichtbar krankhaften Verlangen retten können.“ [66]

Dass junge Männer hingegen nicht unberührt in die Ehe gingen, teilweise sogar bereits mehrere Affairen hatten, war in der Gesellschaft absolut normal.[67] Vor allem beim kaiserlichen Hofopernballett waren die Aristokraten häufig zu Gast. Ein Zeitgenosse: „Außergesellschaftlich hatten wir Jungen unsere Freundschaften mit den Mädchen vom Opernballett. Das war schon fast eine alte Tradition. Diese Mädchen hatten eine hervorragende Erziehung und war für sie schon lange in der kaiserlichen Zeit ein Internat geschaffen, in welchem sie aufwuchsen. Sie waren sehr liebe und wohlerzogene Dinger und heirateten später auch meist sehr gut.“ [68]

Auch die jungen Aristokratinnen hatten oft ihre ersten Schwärmereien und ihre Jugendlieben – freilich völlig harmlos und unerfüllt. Denn im Unterschied zu ihren männlichen Altersgenossen waren die Komtessen niemals allein, nie durften sie ohne Begleitung ausgehen. Und doch fanden auch in dieser engen Welt kleine, unstandesgemäße Romanzen statt. Wahrscheinlich,

Gegen Ende der Monarchie wurden die strengen Heiratsvorgaben der Aristokratie etwas gelockert, Liebesheiraten (freilich innerhalb des Standes) überwogen nun gegenüber arrangierten Vernunftsehen. Die neue Lockerheit erkennt man auch auf den Fotos, die frisch Verlobte zeigen. Hier Prinz Schwarzenberg mit seiner Braut, um 1912.

weil sie nie über das Stadium der Schwärmerei hinauskamen, blieben die ersten und unerfüllten Sehnsüchte der jungen Frauen oft bis ins hohe Alter präsent. Als Prinz Rudolf Liechtenstein am Sterbebett eines alten Angestellten saß, der seiner Familie über Jahrzehnte verbunden war, gestand ihm dieser, dass die längst verstorbene Schwester des Prinzen, die Fürstin Elise Salm-Reifferscheidt, seine erste Liebe war. Nach dem Tod des alten Mannes schrieb Liechtenstein einem Freund: „Er war einer von denen, die über Elises Heirath desperat waren." [69]

Gegen Ende des 19. Jahrhunderts lockerte der Adel langsam seine Heiratsvorgaben; man gab nun Liebesheiraten immer öfter den Vorzug. Geheiratet wurde freilich immer noch ausschließlich standesgemäß, jedoch betrachtete man jetzt emotionale Gründe bei der Partnerwahl als entscheidend – nicht zuletzt deswegen, weil viele junge Frauen begannen, die von ihnen gewünschten Heiraten massiv zu ertrotzen. So manche Komtess verzichtete zugunsten ihres persönlichen Glücks auf die Heirat mit einem Erben und vermählte sich mit einem weniger begüterten nachgeborenen Sohn.

Es kam auch zu einem Wandel in der Eltern-Tochter-Beziehung. Töchter waren nicht mehr von vornherein bereit, ihren künftigen Partner ausschließlich nach den Wünschen der Eltern auszusuchen. Für viele Familien stand nun auch eher das persönliche Glück der Tochter im Vordergrund – zu viele unglückliche Ehen hatte die Elterngeneration in ihrer Jugend gesehen. Und solange die Komtessen zumindest einen Aristokraten heirateten – ob reich oder nicht – arrangierte man sich mit unliebsamen Verbindungen, selbst wenn man von der Wahl nicht überzeugt war. Es machte sich eine gewisser Pragmatismus breit: „Es ist immer besser, man lässt dem Schicksal seinen freien Lauf."[70] Und so mancher Verfechter einer strengen Heiratspolitik betrachtete die rein emotionell begründete Auswahl von Heiratskandidaten mit der Zeit lockerer: „Man kann von der Jugend nicht verlangen dass Alle den Complikationen des Lebens aus dem Wege gehen. Die Welt wäre dann nicht genügend bevölkert und so wie es ist, ist sie übervölkert ..."[71]

Auch das Heiratsalter stieg zu Beginn des 20. Jahrhunderts an. Lag es Mitte des 19. Jahrhunderts bei maximal achtzehn Jahren, waren die Komtessen ab der Jahrhundertwende bereits um die zwanzig oder zweiundzwanzig Jahre alt. Während es keine zwanzig Jahre zuvor noch als erstrebenswert galt, gleich in der ersten Saison einen Heiratskandidaten zu erobern, ließ man jungen Frauen nun zumindest ein paar Jahre Freiheit, bevor mit dem Eintritt in die Ehe der Ernst des Lebens für sie begann: eines Lebens, das rein der Erfüllung von Pflichten gewidmet war.

III
Ehe und Familienleben

Die „Ménage" – Die Stellung der Frau in ihrer neuen Familie – Die strenge Rangordnung in aristokratischen Familien – Gott, Kaiser und „Familienchef" – Die Agnaten – Aufgaben und Pflichten der Frau des Hauses – Die Autorität des Mannes – Dominante Ehefrauen – Die Rolle der Mutter – Verantwortung für Haus und Personal – Die enge Beziehung zu den Bediensteten – Eheliches Glück – Untreue der Ehemänner – Uneheliche Kinder – Affairen von Ehefrauen und ihre Folgen

War eine Komtess nun verheiratet – im besten Fall hatte sie eine „glänzende Partie" gemacht – änderte sich ihr Leben grundlegend. Eben noch der strengen Aufsicht der Eltern unterstellt, musste sie jetzt blitzschnell den Erwartungen ihres Standes an eine verheiratete Frau gerecht werden. Ab nun wurde sie nur mehr als Teil eines Paares wahrgenommen – eine individuelle Rolle in der Gesellschaft war für Frauen nicht vorgesehen. Ein Ehepaar wurde stets als „Ménage"(frz. für Haushalt) bezeichnet, zum Beispiel sprach man von der „Ménage Liechtenstein", oder der „Ménage Kinsky", um anzuzeigen, welches verheiratete Paar man meinte.

Über die Erwartungen der frisch verheirateten Frauen an ihre Ehe findet man in den Quellen relativ wenig. Aufschlussreicher sind hier die Ratschläge der älteren Generation an die Jugend. Denn die Erwartungen der älteren Generation an eine Ehe waren oft nüchtern und sachlich – was allerdings nicht bedeuten musste, dass man weniger liebevoll miteinander umging. Die Ehe war auf das ganze Leben angelegt, weswegen die emotionalen Ansprüche nicht allzu hoch geschraubt wurden. Es wurde nicht erwartet, dass man mit seinem Partner jeden einzelnen Tag des Lebens im siebten Himmel schwebte, sondern dass ein angenehmes, im besten Fall harmonisches Miteinander möglich war. Man hoffte, dass eine Ménage gut gehen und der andere ein angenehmer Gefährte sein würde.[72]

Eine frisch verheiratete Frau musste sich zunächst in der Familie ihres Mannes zurechtfinden. Welche Stellung sie in ihrer neuen

Das Brautpaar Sternberg-Thurn, eine Verbindung zwischen einer böhmischen gräflichen Familie und dem böhmischen Zweig der fürstlichen Familie Thurn und Taxis, um 1880.

Familie einnehmen konnte, hing ganz von ihrer eigenen Herkunft ab. Je höher geboren eine Aristokratin war, desto leichter fiel es ihr, sich von Anfang an eine starke Position zu schaffen, beziehungsweise desto eher ermöglichte es ihr ihre neue Familie, die ihr zustehende Position einzunehmen. Stammte die junge Ehefrau etwa aus den höchsten Adelskreisen, so war sie sich ihrer besonderen Abstammung bewusst und trat dementsprechend selbstbewusst auf.

Die Töchter des Fürsten Karl Liechtenstein etwa, des Chefs der Nebenlinie des Gesamthauses Liechtenstein, waren alle bildhübsche Mädchen mit einer immensen Mitgift und heirateten ausschließlich in fürstliche Familien ein (in die Familien Kinsky, Arenberg, Salm-Reifferscheidt und Trauttmansdorff), vergaßen aber nie, dass sie selbst aus jener Familie stammten, die den ersten Rang in der Adelshierarchie einnahm. Einige von ihnen taten sich schwer, in ihren neuen Familien aufzugehen – ihnen war stets bewusst, nach „unten" geheiratet zu haben, so marginal die Unterschiede auch gewesen sein mögen. Manche Frauen ließen ihre neuen Familien nur zu deutlich spüren, dass sie ihrer Herkunft nach höhergestellt waren, vor allem dann, wenn sie mit ihrer Mitgift noch erheblich dazu beitrugen, ein mitunter angeschlagenes Familienvermögen zu vergrößern – was gar nicht so selten vorkam. Weniger ranghohe (oder auch mit ihrem Ehemann gleichrangige) Aristokratinnen mussten sich ganz nach dem Rang ihres Mannes in seiner Familie richten, und der hing von seiner Geburtsstellung ab.

In der Aristokratie, wie im gesamten Adel gab es eine eiserne innere Rangordnung. Diese – die innere Rangordnung der Familien – war genauso streng wie die Rangordnung des Adels untereinander. An der Spitze der Familie stand der so genannte „Familienchef", der Majoratsherr, und an dessen Seite seine Frau als unangefochtene erste Dame der Familie. Wie in den Herrscherfamilien zählte auch beim Adel ausnahmslos das Erstgeburtsrecht. Der älteste Sohn erbte den Titel, den – unteilbaren – Familienbesitz sowie den ererbten Sitz im Herrenhaus (der altösterreichischen Variante des englischen „House of Lords").

Der Familienchef war eine Institution. Er nahm unantastbar den höchsten Rang in der Familie ein, sein Wort war Gesetz. Er musste alle Heiraten seiner Geschwister sowie seiner Neffen und Nichten bewilligen, er war bei Familienstreitigkeiten Schiedsrichter, dessen Urteil stets angenommen wurde, und er bestimmte den beruflichen Weg seiner Geschwister. Der Erstgeborene war der Herr der Familie und hatte als stärkstes Druckmittel das Familienvermögen in der Hand, dessen Nutznießer und Verwalter er war – woraus sich die Abhängigkeit der gesamten Familie von ihm erklärte, denn er bestimmte, wie hoch die Apanagen waren, die jährlichen finanziellen Zuwendungen aus dem Familienbesitz.

Der Familienchef wachte strikt über die Einhaltung seiner Autorität – schließlich repräsentierte er die Familie „nach außen". Die „Chefs", wie sie auch genannt wurden, hatten den Nimbus des Mächtigen. Ein zeitgenössischer Aristokrat über die Autoritätsstufenleiter des Adels im 19. Jahrhunderts: „Ganz oben natürlich der liebe Gott, dann kam S. M. der Kaiser und dann der Familienchef.“[73] Diese Familienchefs traten als Herren über Titel und Besitz mitunter recht überheblich auf, vor allem wenn sie die Chefs der reichsten Familien der Aristokratie waren, wie etwa viele Familien des böhmischen Adels. Da wurden die ärmeren mährischen Kollegen schnell als „Sumpfbiber“ bezeichnet, die kleineren allgäuischen Grundbesitzer als „Moosfürsten“ und Besitzungen in den Alpenländern nannte man schlicht „Punaise“(Wanze).[74] Die Familienchefs galten als „Respektspersonen“, wie ein Zeitgenosse erklärte: „Diese waren es zwar meist nur aus ihrer Position heraus, waren damit ‚Verpflichtete‘ und wuchsen in ihre Rolle hinein, auch wenn sie persönlich vielleicht ursprünglich nicht die Klügsten oder Besten waren ... Ein aktives Vorgehen gegen diese in Wort und Tat galt fast wie ein Sakrileg.“[75]

Die Berechtigung, derart über die Familie zu bestimmen, resultierte aber nicht zuletzt aus der Verantwortung, die die „Chefs“ für die Familie, oder präziser formuliert für den Familienverband in der Gesellschaft, aber auch vor dem Kaiser hatten. Denn wenn ein (vorwiegend männliches) Familienmitglied Skandale verursachte, sich nicht standesgemäß verhielt, oder Schulden nicht bezahlte, erwarteten die Gesellschaft und der Hof, dass der Familienchef alle Probleme wieder ins Reine brachte. Gerade Kaiser Franz Joseph erwartete von den Chefs der aristokratischen Familien, dass sie ihre Familie streng unter ihrer Kontrolle hielten – so wie der Kaiser selbst seine eigene Familie eisern unter der Knute hielt. Jeder einzelne sollte sich verhalten wie es seiner hohen Abstammung entsprach – dafür garantieren sollte das Familienoberhaupt, das das dafür nötige Durchgriffsrecht besaß. Die Majoratsherren beeilten sich in der Regel, jeder Kritik des Hofes an ihren Mitgliedern sofort nachzukommen – denn jede Kritik an einzelnen Mitgliedern wurde auch als unausgesprochene Kritik am Familienoberhaupt betrachtet, das hier offensichtlich nicht in der Lage war, seine hohe Aufgabe, die Einhaltung der Standesregeln zu sichern, zu erfüllen.

Die jüngeren Brüder eines Familienchefs waren die so genannten „Agnaten“. Sie hatten keinen Zugriff auf das Familienvermögen, aber Anspruch auf eine Apanage, eine jährliche finanzielle Zahlung zur Deckung des Lebensunterhaltes. Wie hoch diese Apanage war, hing ganz vom Familienchef ab. Versuchten Väter noch, allen ihren Söhnen eine ausreichende Apanage zukommen zu lassen, so neigten vor allem die Erstgeborenen dazu, ihren jüngeren Brüdern

Graf und Gräfin Coudenhove, um 1880.

eher weniger als mehr zuzugestehen. So mancher Agnat aus altehrwürdigem Haus führte ein mehr als bescheidenes Leben. Kaum einer besaß einen eigenen Wohnsitz; die meisten lebten (weil die meisten jüngeren Söhne auch beim Militär waren) in ihrer Garnison oder versuchten ein Amt bei Hof zu erlangen, das neben ausreichender Bezahlung auch eine Wohnmöglichkeit brachte.

Selbst Prinz Rudolf Liechtenstein, der spätere Obersthofmeister Kaiser Franz Josephs aus der ehemaligen Zweitlinie des Hauses, die sehr vermögend war, lebte nach dem Tod seines Vaters für seine gesellschaftliche Position extrem bescheiden. Sein älterer Bruder, der Erbe der Linie, „vergaß" nach dem Tod des Vaters auf alle Versprechungen, dem jüngeren Bruder – so wie vom Vater gewünscht – Teile des Vermögens zu überschreiben. Das Resultat war eine Lebensweise des Jüngeren, die man sich so gar nicht bei einem Prinzen Liechtenstein vorstellen konnte. Marie Festetics, die Hofdame von Kaiserin Elisabeth, erzählte nach Liechtensteins

Graf Otto und Gräfin Theresa Abensperg-Traun, um 1880.

Tod dem Historiker Heinrich Friedjung: „Fürst Rudolf Liechtenstein, der verstorbene Obersthofmeister, war ein Mann von seltener Selbstlosigkeit. Er lebte nun sehr einfach in seinem Hause in Pardubitz mit verschlissenen Tapeten, aber er hatte sich, um mich so auszudrücken, einen philosophischen Frack angeschafft, das heißt, er schwang sich zu voller Genügsamkeit empor, erklärte seine Bedürfnisse seien nicht größer und gewann so jedermann durch seine Vornehmheit.“ [76] Eines freilich unterschied ärmere Aristokraten von ihren nichtadligen, mittellosen Zeitgenossen: Für den Mangel an persönlichem Besitz wurden sie immerhin durch ihre außergewöhnliche gesellschaftliche Stellung entschädigt. Sie persönlich mochten nichts besessen haben, sie lebten aber dennoch in einem familiären Umfeld von Luxus.

Schon die jüngeren Söhne und Brüder eines Familienchefs taten sich schwer, ihr Leben nach den Erwartungen ihres Familienoberhauptes zu richten, hatten aber immerhin als nahe Verwandte ein Recht auf einen angemessenen Unterhalt. Ärmere Verwandte hingegen waren gänzlich auf das Wohlwollen der Familienchefs angewiesen. Die gute Sitte verlangte zwar, dass man sich auch um seine entfernten, verarmten Verwandten kümmerte. Das hieß aber nicht unbedingt, dass man dies immer mit mitfühlender Selbstverständlichkeit tat. So manche alte, unverheiratete Tante, so mancher schrullige Onkel lebte zwar gnadenhalber unter dem Dach des Familienoberhauptes, hatte aber eine Stellung inne, die knapp vor dem Personal angesiedelt war. Ein Zeitgenosse beschreibt solche ärmlichen Verwandten als „eine pique assiette, eine Art Hofstaat, Trabanten die um den reichen Kern der Familie liefen und gnadenhalber mitlebten".[77]

Die Ehefrau eines Familienchefs hatte die erste Stellung unter den weiblichen Mitgliedern der Familien inne. Dafür musste sie auch für den Zusammenhalt der Familie sorgen, denn als Hausherrin trug sie die Verantwortung dem Gesamthaus gegenüber. Familientreffen mussten arrangiert und Familienzusammenkünfte organisiert werden. Es galt, die wöchentlichen Diners zu planen – solche, die nur für die Familie gedacht waren und der Stärkung des inneren Zusammenhalts dienten, aber auch jene, die für die Gesellschaft ausgerichtet wurden. Während der Wintersaison, die man grundsätzlich in der Residenzstadt Wien verbrachte, wurden oft mehrmals pro Woche solche kleineren Diners ausgerichtet. Stets wurden dabei unterschiedliche Bekannte und Freunde eingeladen. Die Absolvierung dieser Einladungen war eine der wesentlichsten gesellschaftlichen Pflichten der Hausfrau. Neben den größeren und kleineren Diners wurde auch im kleinsten Kreis zum Frühstück oder Lunch eingeladen.

Verweigern konnten sich die Ehefrauen ihren zahlreichen, gesellschaftlichen Verpflichtungen in der Regel nicht – sie gehörten zu den fixen Aufgaben der Frau des Hauses.

Für die Frauen war es freilich nicht immer leicht, als Ehefrau des Familienchefs mit der gesamten Großfamilie ihres Mannes zu leben. Sie wohnten nicht selten mit drei Generationen unter dem Dach des Stammschlosses, oftmals auch zusammen mit den finanziell schwachen Geschwistern des Mannes samt ihren Familien. Zumindest Teile des Jahres lebte die Großfamilie unter einem Dach – bei Anpassungsschwierigkeiten konnten durch diese Nähe zur angeheirateten Familie durchaus Konflikte aufbrechen. Der eigenen (angeheirateten) Familie aus dem Weg zu gehen, schafften nur äußerst selbstbewusste Frauen – häufig jene, die eben selbst aus den höchsten Familien kamen. Die Weigerung, sich völlig in die neue Familie einzugliedern, verursachte oftmals einen Bruch im Familienverband. Eine starke Ehefrau eines Familienchefs, die eventuell auch noch ihren Mann dominierte, konnte alteingefahrene Familienkonstellationen völlig durcheinanderbringen. Oder, wie Rudolf Liechtenstein über die fast schon rücksichtslose Art und Weise seiner Schwester Elise, in ihrer neuen Familie nur zu tun was ihr passte, einmal äußerst diplomatisch bemerkte: „Wenn neue Elemente in die Familien kommen, findet immer eine gewisse Umwandlung in denselben statt.“[78]

Wesentlich schwieriger als die Ehefrauen der Majoratsherren hatten es die Frauen der nachgeborenen Söhne. Denn wenn schon diese Männer eine schwache Stellung in der Familie hatten, so war jene ihrer Frauen noch um einiges schlechter. War die Frau selbst dann noch die Tochter eines wenig begüterten nachgeborenen Sohnes, war ihre Stellung fast schon hoffnungslos zu nennen. In diesen Ehen hieß es oft, sich mit der zweiten Reihe in der Familie zufrieden zu geben. Eine fixe Wohnung im Familienpalais war das höchste der Gefühle, bei allen anderen Dingen hatten stets der Familienchef und seine Frau Vorrang. Diese entschieden, wer wann auf welchem Gut Sitz nehmen durfte. Ärger und Kränkungen standen in manchen Familien an der Tagesordnung.

Das eheliche Glück einer Frau beruhte weitgehend auf der Identifikation mit den Interessen ihres Mannes.[79] Die Frau hatte sich ihm anzupassen, seine Interessen sollten auch die ihren sein. Auch die Freizeitgestaltung der adeligen Damen hing in jenen Fällen, in denen es etwa um gemeinsame Auftritte mit dem Gatten ging, immer von dessen Vorlieben ab. Auch richtete man sich ganz nach den Befindlichkeiten seines Ehemannes. Ging zum Beispiel der Mann nicht gern in die Oper, blieb auch die Frau zu Hause. Marie Kinsky etwa blieb über Jahre dem Burgtheater fern, obwohl es ihre größte Freude war. Weil aber ihr Mann seine letzten Lebensjahre fast taub war, nahm auch sie aus Rücksicht auf ihn nicht mehr am Kulturleben teil.[80]

Die Autorität des Mannes in der Familie wurde nach außen hin niemals in Frage gestellt. Der Mann traf die Entscheidungen und diese hatten grundsätzlich richtig zu sein, beziehungsweise

Zwei Gräfinnen Dubsky bei einer beliebten Freizeitbeschäftigung: Sie bemalen kunstvoll Fächer. Die Familie Dubsky gehörte zum mährischen Adel, um 1860.

ließ die Frau den Mann spüren, dass seine Entscheidungen die richtigen waren. Und doch waren es oft die Ehefrauen, die – wenn auch auf subtile Weise – den Ton innerhalb der Familien angaben. Alois Auersperg: „Mein Vater ... wurde von meiner Mutter, ohne dass er es merkte, geführt, wobei sie aber streng auf die Hochhaltung seiner Autorität bedacht war“.[81] Hatte die Frau schon die stärkere Persönlichkeit, sollte es zumindest niemand merken; vor allem nicht der Ehemann.

Jedoch existierten auch hier Ausnahmen. Einige waren in der damaligen Gesellschaft berühmt-berüchtigt: Es gab nicht wenige Aristokratinnen, die ihre Familien (und zwar auch die männlichen Mitglieder) völlig dominierten; freilich handelte es sich hierbei wieder nur um die „höchsten“ Aristokratinnen, also jene, die selbst mindestens genauso hoher – wenn nicht höherer – Abstammung waren wie ihre Ehemänner.

Fürstin Eleonore Schwarzenberg, geborene Prinzessin Liechtenstein, die berühmte „Fürstin Lori“, war nicht nur in der Gesellschaft die absolute Nummer Eins, sondern auch innerhalb ihrer Familie. Ihr Mann Fürst Adolph und ihr Sohn, der gleichnamige

Die weiblichen Mitglieder der Familie Lobkowitz bei einem Spaziergang, 1907.

Erbprinz Adolph, akzeptierten sie zu Hause als oberste Autorität – einige Zeitgenossen waren sogar der Ansicht, dass sie sich regelrecht fürchteten vor der berühmt dominanten Fürstin Lori.

Die energische Fürstin war auch eine der wenigen Frauen, die ihre Meinung zu politischen Entwicklungen des Staates nicht für sich behielt, sondern oft und deutlich kundtat. Das allein war schon äußerst ungewöhnlich. Weitaus bemerkenswerter war aber, dass ihr Mann politisch eine völlig andere Linie vertrat und nicht etwas versuchte, seine Gattin zur Räson zu bringen oder ihr untersagte öffentlich eine andere Meinung als seine zu vertreten, sondern sich auch noch von ihr sagen ließ, wie er bei Sitzungen im Herrenhaus abzustimmen hätte. Fürst Schwarzenberg stand bei politischen Grundsatzdiskussionen stets auf Seite der tschechischen Föderalisten, die Fürstin hingegen immer auf Seite der deutschen Zentralisten. Vor entscheidenden Abstimmungen im Herrenhaus schwor die Fürstin ihren Mann stets auf ihre Linie ein. Als der Fürst bei einer entscheidenden Abstimmung wieder einmal nach seinem Gewissen abstimmte und nicht nach dem Befehl seiner Frau, konnte sogar sein Sohn kaum glauben, dass er sich dem „Gebot seiner Gattin“ [82] widersetzt hatte. Fürst Schwarzenberg allerdings erschrak über seinen eigenen Mut und wagte es nicht, gleich nach der Abstimmung zu seiner Frau heimzukehren – er zog sich für einige Tage auf eines seiner böhmischen Schlösser zurück, um zu warten, bis sich der Zorn der Fürstin etwas gelegt hatte.[83]

Und als wieder einmal eine Abstimmung bevorstand, bei der die Fürstin Lori auf Seiten der Wiener Regierung stand, Mann und Sohn jedoch auf Seiten der Tschechen, ließ sie die gesamte Gesellschaft prompt wissen, sie „hätte vorgezogen, die beiden Adolphs / Mann u Sohn/ in einer Schlacht vor den feindlichen Kanonen zu wissen, als zu sehen, daß sie jetzt mit den Czechen gegen die Regierung stimmen!“ [84]

Für die Söhne erfüllte in der Regel der Vater die Rolle der gefürchteten Autorität. Doch bei Frauen vom Format einer Fürstin Lori, vor denen alle in der Familie zitterten, traute sich so mancher sonst von sich sehr eingenommene Erbe nicht, nach einem selbstverschuldeten Skandal der Mutter vor die Augen zu treten. Prinz Hugo Salm-Reifferscheidt, Sohn der strengen Fürstin Elise, musste, wie ein Brief aus dem Jahre 1889 belegt, seinem Vater die Existenz enormer Schulden beichten. Sein Beichtbrief beginnt mit dem köstlichen Satz: „Den ersten Anfang meines Deficits hat eine Weiber-Affaire verursacht.“ [85] Im Laufe des mehrere Seiten umfassenden Briefes kommt heraus, dass der Erbprinz gehofft hatte, die Schulden die er für seine Geliebte aufnahm, durch Casinobesuche wieder hereinzubekommen. Als das nicht nur misslang, sondern seine Schulden noch mehr zunahmen, versuchte er an der Börse zu spekulieren – mit dem Erfolg, dass sich seine Schulden bald verzehnfacht hatten und die Gläubiger ihm nun auf den Fersen waren.

Prinz Hugo blieb nichts anderes übrig, als dem Vater die Schulden zu beichten. Er bat um Hilfe, versprach Besserung, bot dem Vater an, noch fleißiger in der väterlichen Verwaltung mitzuarbeiten, um zumindest Teile seiner Schulden abzubauen. Den Brief schließt er mit einer Beschwörung, die viel über die Kräfteverhältnisse in der Familie aussagt: „... Mama bitte ich, nichts davon zu sagen, weil eine Zurechtweisung in der Form, wie Mama sie bestimmt geben würde, zum Mindesten den Erfolg hätte, dass ich durch längere Zeit nicht im Stande wäre, irgendetwas Vernünftiges zu arbeiten.“[86]

Aber Frauen wie die Fürstinnen Schwarzenberg und Salm-Reifferscheidt waren sicherlich Ausnahmen. In den meisten Familien der Aristokratie hatten die Ehemänner das Sagen. Die Spannbreite zwischen absoluter Unabhängigkeit in Meinung und Lebensweise und völliger Anpassung an die Wünsche des Mannes war aber durchaus vielfältig. Wie selbstbewusst eine Frau auftrat, bestimmte sich neben individuellen Persönlichkeitsmerkmalen eben nach ihrer eigenen Herkunft und der Stellung, die sie innerhalb ihrer Familie hatte.

Das Ziel jeder Ehe waren möglichst viele Kinder, und die Mutterrolle eine der wichtigsten Aufgaben und Pflichten einer Aristokratin. Im 19. Jahrhundert erwartete man von einer Aristokratin zumindest vier Kinder – viele hatten wesentlich mehr. Da Kinder zu den Müttern oftmals einen stärkeren Bezug hatten als zu den Vätern, waren sie es, die den Kindern Geborgenheit vermittelten. Die Mutter als Fixpunkt der Familie garantierte, dass die Kinder neben ihrer standesgemäßen Erziehung und Ausbildung ein traditionelles Zuhause hatten. Sie sorgte im besten Fall für den Ausgleich zwischen Lernen und Spiel und förderte die Sozialkontakte ihrer Kinder.

Wie wichtig die Anwesenheit einer Mutter war, wie wichtig auch ihre traditionelle Aufgabe war, das frühe Sozialleben der Kinder zu arrangieren, zeigte sich auf traurige Weise oft erst dann, wenn die Mutter durch frühen Tod fehlte. Graf Rudolf Abensperg-Traun berichtet seinen Kindern nicht ohne Wehmut von seiner einsamen und traurigen Kindheit. Seine Mutter starb, als er zwei Jahre alt war. Ab diesem Zeitpunkt wurde er der alleinigen Obhut eines Kindermädchens anvertraut. Sein Vater, Graf Hugo Abensperg-Traun, war wegen seines Amtes als Oberstkämmerer am kaiserlichen Hof und den daraus resultierenden Pflichten fast nie zu Hause. Der kleine Rudolf verbrachte in Ermangelung näherer weiblicher Verwandter seine gesamte Kindheit und Jugend einsam mit seinem Kindermädchen, später mit seinem Erzieher – sowohl die Lernstunden als auch die Mahlzeiten verbrachte er allein. Es gab keine Einladungen, keine Besuche; selbst Weihnachten, Nikolo und Ostern wurden nicht gefeiert. Den Höhepunkt an Sozialkontakten während des Jahres stellten die Besuche einiger alter Tanten dar.[87]

Das junge Ehepaar. Prinz Trauttmansdorff und seine Braut,
eine Prinzessin Schwarzenberg, um 1890.

Es war die Mutter, die das Sozialleben der Kinder arrangierte und dafür sorgte, dass sie regen Kontakt mit anderen Standesgenossen hatten, um 1910.

Eine früh verstorbene Mutter hinterließ auch in höchsten Kreisen eine Lücke, die fast nicht zu schließen war – umso weniger, wenn der Vater selbst kaum Zeit für das Kind hatte.

Eine weitere, wichtige Aufgabe der Mütter war es, den Kindern die Bedeutung der Religion nahezubringen. Ihr Kind zu einem Leben nach den Werten der katholischen Kirche zu erziehen, war eine der wichtigsten Vorgaben für Mütter. Gerade der Adel sah sich als eine der Säulen der katholischen Kirche. Die Mutter hielt die Kinder zu Gebeten an und achtete auf ihre christliche Lebensweise. Die Frauen der Aristokratie waren in der Regel weitaus religiöser als die Männer, denn gerade ihnen war die Religion oft Halt und Trost. Dementsprechend versuchten sie, ihren Kindern die Tiefe des Glaubens ebenfalls zu vermitteln.

Neben der Verantwortung für die Kinder galt der Haushalt als traditionelles Aufgabengebiet der Aristokratin, wobei man sich unter dem Begriff „Haushalt“ etwas völlig anderes vorstellen muss als heute üblich. Der „Haushalt“ einer aristokratischen Familie umfasste neben den Familienmitgliedern auch das gesamte Personal – Haushaltsführung bedeutete also nicht manuelle Hausarbeit, sondern die Führung eines vielköpfigen Personals. Eine aristokratische Familie beschäftigte in der Regel Wirtschafts-, Verwaltungs- und Forstpersonal, das unter der Aufsicht des Hausherrn stand. Hinzu kam für den persönlichen Dienst das Hauspersonal, nämlich Hausoffiziere, Kochpersonal, Diener, Lakaien und Kutscher, samt dem dazugehörigen Hilfspersonal.

Für das Hauspersonal war traditionell die Hausherrin zuständig. Sie überwachte den reibungslosen Arbeitsablauf und gab lediglich ihre Anweisungen wenn sie Änderungen wünschte oder mit der Haushaltsführung unzufrieden war. An der Spitze des Hauspersonals stand der Haushofmeister, der sämtliches Hauspersonal überwachte, einteilte, und auch die Schnittstelle zwischen Hausherrin und Personal war. Die Hausoffiziere bildeten nach dem Haushofmeister die ranghöchsten Mitglieder des Personals und bestanden aus Kammerdienern und Kammerjungfern sowie den persönlichen Dienern des Hausherrn. Sie hatten in der Küche ihre eigene Tafel – die sogenannte Hausoffizierstafel. Die restliche Dienerschaft, die Lakaien, Holzträger, das Reinigungspersonal, saß an einer zweiten Tafel. Die strenge rangmäßige Hierarchie innerhalb der aristokratischen Familie wiederholte sich auch beim Personal, zog sich bis in die letzte Ebene der Dienerschaft und wurde sehr ernst genommen. Druck gab man nach unten weiter: Der Haushofmeister schikanierte die Hausoffiziere, diese wiederum trietzten die Lakaien, welche sich wiederum am Putzpersonal ausließen ...[88]

Im persönlichen Umgang mit der Dienerschaft zeigte sich, dass das patriarchalische Verständnis der Aristokratie ihren Untergebenen gegenüber auch das Ende der Grundherrschaft überlebt hatte. Man hatte zwar die Überzeugung, auf gottgegebene Weise und aufgrund seiner hohen Abstammung weit über jenen Zeitgenossen zu stehen, die sich als Dienstboten verdingen mussten, fühlte sich andererseits jedoch auch sehr verantwortlich für jene Menschen, die für einen arbeiteten. Man sah sie weniger als Lohnempfänger, sondern als Menschen, die ihren Dienst im Sinn ihrer Herrschaft tun mussten und dafür neben ihrem Lohn auch ein Anrecht auf umfassende Versorgung hatten. Die Durchsicht zahlreicher Korrespondenz von Aristokraten des 19. Jahrhunderts (vor allem die Korrespondenz unter Verwandten) zeigt, dass vor allem die engere Dienerschaft, deren Krankheiten und Probleme permanente Themen waren. Man lebte (wenn auch übereinander) doch auch miteinander, sah die unterschiedliche gesellschaftliche Stellung als natürlich an, war aber trotzdem der Ansicht, dass man miteinander verbunden war.

Die Bediensteten, ob Haus-, Stall-, Wirtschafts- oder Forstpersonal, standen seit Generationen im Dienst der gleichen Familien. Ihre „Herrschaft“ kümmerte sich darum, dass auch die nächste Generation hier Arbeit bekam, und zog gleichzeitig die begabtesten Kinder zu den nächsten Wirtschaftsdirektoren heran, indem sie ihnen eine Ausbildung finanzierte. Der Adel musste deshalb niemals Fremde aufnehmen. Das nötige Vertrauen, das es brauchte, um die Verwaltung des Besitzes dem Personal zu überlassen, schien allein dadurch gesichert, dass dessen Familien schon seit Generationen im Dienst der Herrschaft standen. Die Herrschaft hatte die Sicherheit, treue Angestellte zu haben, deren Herkunft Garantie für ihre Ehrlichkeit war (oder schien). Die Bediensteten wiederum waren oft froh, bei Menschen zu arbeiten, die aus ihrer – oft christlich motivierten – Verantwortung für die Mitglieder ihres Herrschaftsbereichs auch im Alter und in Notzeiten für sie aufkam. Altersarmut, Obdachlosigkeit durch Krankheit oder sozialer Absturz waren zumindest für den Großteil der aristokratischen Haushalte kein Thema.

Heiratete ein Mitglied des Personals „nach außen“, blieb man stets in Kontakt. Über die anderen Familienmitglieder, die bei der Herrschaft blieben, war man auch über jene informiert, die anderswo lebten. Wenn die Kinder des Personals durch Heirat einen gesellschaftlichen Aufstieg erreichten, war man stolz, dass sie aus der eigenen Herrschaft kamen. So erwähnte die Familie des Fürsten Kinsky auch nicht ohne Stolz, dass es die eigene Forstmeistertochter war, die einen reichen Prager Unternehmer geheiratet hatte.[89]

Besonders für die Kinder waren die engsten Bediensteten mitunter wie vertraute Verwandte. Und wenn eine dieser engen Bezugspersonen aus der Dienerschaft heiratete, waren sie so aufgeregt wie bei der Hochzeit naher Verwandter. Manchmal kam es bei den kleineren Kindern zu entzückenden Verwechslungen, die aber auch zeigen wie gleichbedeutend für die Kleinen manche Ereignisse waren: „Dieser Tage heiratet Ferdinands Köchin womit die Kinder schon längere Zeit beschäftigt sind. Aglae hat am Ende der Auerspergischen Hochzeit entdeckt, dass ihre kleine Marie die ganze Zeit geglaubt hat, dass sie bei der Hochzeit der Köchin

Gräfin Lilla Revertera und ihre Kinder, 1896.

ist."[90] Die Tochter des Hauses dachte also, dass das prunkvolle Hochzeitsfest der Fürsten Auersperg der Köchin galt.

In der Regel vertraute man seinem engsten Personal völlig, auch was die eigenen Finanzen betraf. Und in der Regel wurde dieses Vertrauen auch nicht missbraucht. Hin und wieder jedoch nutzte das Personal das Vertrauen auch aus. Prinzessin Marie Hohenlohe über solch einen Fall im Hause ihres Sohnes Gottfried: „Im Hause meines Gottfried gab es diesen Sommer eine schreckliche Katastrophe, indem sich der biedere Kammerdiener als großer Defraudant entpuppte, der alle die Jahre keine Rechnung zahlte, nur gefälschte Quittungen vorlegte. Gottfrieds bildeten sich auf ihre prompten Zahlungen etwas ein und nun stellt sich's heraus, dass ihre Lieferanten sie zu ihren unsolidesten Kunden zählen mussten! Das hat sie sehr gekränkt."[91] Die beschriebene Situation ist umso absurder, wenn man bedenkt, dass die Ehefrau von Prinz Gottfried Hohenlohe eine Tochter des enorm reichen Erz-

Drei Gräfinnen Mittrovsky, um 1865.

herzog Friedrich war, der das junge Paar stets mit großen Geldmitteln unterstützte.

Die Vertrautheit mit dem Personal zeigte sich in einer, aus heutiger Sicht unangebrachten, Verhaltensweise des Adels gegenüber seinen Bediensteten: Man duzte sie – nach Ansicht der Aristokraten ein Ausdruck der Wertschätzung des Personals (umgekehrt war es freilich verboten, dass sich das Personal auch nur die kleinste Vertrautheit anmaßte). Fürst Camillo Rohan, noch ganz dem Geiste des Patriarchats verhaftet, pflegte stets sein gesamtes Forstpersonal zu duzen. Als sich ein junger Forstadjunkt, der „etwas sozial veranlagt war",[92] darüber beim Forstmeister beschwerte, ließ der Fürst den jungen Mann kommen und hielt ihm eine Rede, bei der er sorgfältig jede persönliche Anrede vermied: „Ich habe gehört, er habe sich darüber beklagt, dass ich ihm Du sage. Hör' er mich an! Denen vom Forst und von der Jagd sage ich immer Du, weil sie anständige Menschen sind. Dem Verwalter, diesem Schwein, dem sage ich Sie!"[93] Der Forstadjunkt bat nach dieser Ansprache um den Vorzug, von seiner Durchlaucht weiterhin geduzt zu werden.[94]

Gutes, treues Personal fand sich für Aristokraten meistens leicht, sie mussten nur innerhalb ihrer Herrschaft rekrutieren. Gewandtes Personal zu finden, das souverän mit den Usancen der

Aristokratie umging, war jedoch ein reiner Glücksfall. Gerade für die Winteraufenthalte in Wien, die ganz im Zeichen des gesellschaftlichen Lebens standen, war versiertes Personal ein Segen. Und so manches lustige Vorkommnis ergab sich, weil das treue Personal vom Land manchen Spaß der Gesellschaft falsch deutete. So wurde etwa dem neuen, vom Land kommenden Portier im Palais Auersperg bei der Einschulung eingetrichtert, dass er das Eintreffen der Gäste für den in Kürze stattfindenden Kostümball folgendermaßen anzukündigen habe: Dreimal die Glocke läuten nur bei der Ankunft des Kaisers höchstpersönlich, zweimal Läuten für Erzherzöge, einmal Läuten für alle anderen, ob Adel oder Bürger. Mitten während des Balls läutete es plötzlich dreimal und der Haushofmeister stürzte zum Fürsten um ihm mitzuteilen, dass der Kaiser eingetroffen war. Der Hausherr, überrascht, dass der Kaiser, der gar nicht zugesagt hatte, gekommen war, stürzte zur Einfahrt, um den Monarchen zu begrüßen, fand aber nicht den Kaiser vor, sondern Graf Berchtold – als King Lear verkleidet mit Zepter und Krone.[95]

Überlegungen zum persönlichen Glück der Ehefrauen der Aristokratie anzustellen, ist schwierig. Anders als heute stand der Wunsch nach Erfüllung übergroßer, gefühlsbezogener Erwartungen nicht im Vordergrund. Ehen waren, wie schon erwähnt, einerseits das Ergebnis erfüllter Erwartungen von Seiten der Eltern und der Gesellschaft, anderseits das Resultat praktischer Überlegungen, was die finanzielle Absicherung der Zukunft betraf. Vor der Heirat waren sich Paare meistens sympathisch, oftmals verliebt – dass diese Gefühle aber bestehen blieben, war nicht gesichert. Im besten Fall ging anfängliche Verliebtheit in tiefe Zuneigung über, in den meisten Fällen stellte sich ein nicht näher hinterfragtes Zusammengehörigkeitsgefühl ein, und einige Ehen waren nach kurzer Zeit nur mehr Fassade, die es zu wahren galt.

Die Zukunft einer Ehe hing davon ab, wie beide Partner, vor allem aber die Männer, mit dem Umstand umgingen, dass sie unauflöslich war. Manche bemühten sich, hieraus das Beste zu machen und auch nach Ende der ersten Verliebtheit (sofern diese bei der Verlobung überhaupt vorhanden war) der Partnerin gegenüber ritterlich, fein und aufmerksam zu sein. Je freundlicher ein Paar miteinander umging, desto höher waren die Chancen bis ans Lebensende ein harmonisches Familienleben zu haben. Beispiele dafür bieten die Quellen genug: Paare, die sich auch noch im Alter liebevolle Briefe schrieben, die aufeinander Acht gaben, die einander zu Ende des Lebens umsorgten. So manche Aristokratin bedauerte tief den Tod ihres Mannes nach jahrzehntelanger Ehe. Aus arrangierten Verbindungen konnten oftmals tiefe Freundschaften entstehen.

Schwieriger wurde die Situation, wenn das Paar überhaupt nicht harmonierte oder wenn eine Ehe unwiderruflich zu Ende war. Denn die Möglichkeit einer Scheidung gab es im österreichisch-katholischen Adel nicht. Sofern die Mittel dazu vorhanden waren (also mehrere Wohnsitze), trennte sich das Paar räumlich, um nur mehr zu hohen Familienfesten und gesellschaftlichen Pflichtveranstaltungen gemeinsam aufzutreten.

Für die Frauen war solch eine Situation schwieriger als für die Männer, denn sie hatten keine beziehungsweise nur wenige Möglichkeiten, am öffentlichen Leben teilzunehmen. Männer konnten immerhin allein unterwegs sein und durch ihre Tätigkeiten im Herrenhaus, ihr wirtschaftliches Engagement und ihre oftmaligen Ämter bei Hof und in der Politik ein ungemütliches Heim verlassen.

Eheliche Untreue seitens der Männer fand nicht erst statt, wenn die Ehe schlecht war – sie gehörte in vielen Fällen von Anfang an dazu. Die Art und Weise, die Häufigkeit, mit der die Männer ihre Frauen betrogen, hing von der Persönlichkeit des Mannes ab. Manche hatten bereits in der Verlobungszeit Affären – was sie beibehielten. Da viele junge Aristokraten ihre Geliebten beim Hofopernballett hatten, erhielt man von dort immer die neuesten Informationen über die jungen Männer. Der kaiserliche Obersthofmeister Fürst Liechtenstein, dem alle kaiserlichen Bühnen unterstellt waren, wusste stets, welcher junge Aristokrat besonders oft mit den Balletteusen ausging. Ebenso erfuhr er aber auch, wer durch seine falschen Versprechungen bei den Tänzerinnen berüchtigt war; was er gleich im Freundeskreis verbreitete. So über einen jungen Aristokraten, der für Unruhe sorgte: „Im Ballett heißt es von Kari, dass er ein schlechter Mensch ist.“ [96] Allzu viel Insiderwissen brauchte man allerdings nicht, um zu wissen wer beim Ballett gerade aktuell eine Geliebte hatte. Es genügte bei Ballettvorstellungen der Blick in die erste Reihe: „Vor einiger Zeit sah ich zwei sehr elegante junge Herren in der ersten Reihe im Ballett. Es waren Hansi und Ferdinand A.!“ [97]

Fürstin Franziska und Fürst Alfred Montenuovo als Jungvermählte. Die geborene Prinzessin Kinsky und der entfernte Verwandte und spätere letzte Obersthofmeister Kaiser Franz Josephs waren ein einflussreiches Paar am Wiener Hof in den letzten Jahren der Monarchie, um 1885.

Graf Johann und Gräfin Ida Lazansky. Glück in adeligen Ehen wurde nicht vorausgesetzt, ein angenehmes Miteinander sehr wohl. Viele Ehen funktionierten nur nach außen und hielten den gesellschaftlichen Erwartungen stand – innerlich sah es oft anders aus, um 1910.

Die Häufigkeit, mit der in der Korrespondenz über amouröse Abenteuer junger Aristokraten berichtet wird, lässt annehmen, dass der Großteil der jungen Männer Geliebte hatte. Ob die Komtessen bereits wussten, dass die Möglichkeit schon während der Verlobungszeit und zu Beginn ihrer Ehe betrogen zu werden, relativ hoch war, lässt sich den Quellen nicht entnehmen. Nur hin und wieder findet sich ein Hinweis, dass eine Aristokratin ihren Mann von Anfang an teilen musste: Zumindest die Umgebung wusste oftmals von den Eskapaden mancher frisch verheirateter Männer. Ein Aristokrat über die Rückkehr eines frisch verheirateten Paares von der Hochzeitsreise: „Wenn sie nach Wien kommen, wird es für sie schwer sein, wenn er so leben will wie bisher. Wenn Einer einmal in der Maitressenwirtschaft drin war, streift er die Allüren nicht so bald ab.“ [98]

Spätestens nach einigen Ehejahren war aber allen eventuellen Zweiflerinnen klar, dass die Ehemänner durchwegs auch außerhäuslich aktiv waren. Möglichkeiten zum Stelldichein gab es für sie jedenfalls genug. Sie konnten jederzeit außer Haus gehen, waren im Gegensatz zu ihren Frauen nicht gezwungen, stets begleitet zu werden (eine Aristokratin sollte aus Gründen der Schicklichkeit niemals alleine das Haus verlassen, zumindest eine Gesellschafterin musste immer dabei sein) und konnten Etablissements und Privatwohnungen besuchen. Vor allem während der Wiener Aufenthalte war es für Männer relativ leicht, ihre Affären zu verbergen – die Anonymität der Großstadt hatte ihre Vorteile. Auf den Landschlössern sah die Sache anders aus. Denn viele Schlösser waren weit von der nächsten Stadt entfernt und in den zur Herrschaft dazugehörigen Dörfern konnten die Schlossherrn nicht unauffällig abtauchen. Denn wenn auch per se die Möglichkeit stets vorhanden war, die Ehefrau zu betrügen, achteten doch die meisten darauf, Frau und Kinder nicht allzu sehr zu kompromittieren.

Einige Aristokraten hatten aber nicht nur Affären, sondern führten regelrechte Zweitehen – meistens, wenn ihr Eheleben nur mehr zur Konvention erstarrt war. Nach außen hin lebte man das gesellschaftliche Leben weiter, nach innen ging jeder seine Wege; und viele Männer lebten in außerehelichen Dauerbeziehungen. Die Umgebung, Verwandte und Bekannte wusste meist von diesen „Zweitfrauen". Man sprach jedoch nicht darüber (zumindest nicht mit dem Betreffenden selbst). Manche außerehelichen Beziehungen dauerten so lange und entsprachen so gar nicht einer klassischen Affäre, ja, selbst die Frauen entsprachen oftmals nicht dem klassischen Ideal der jungen Geliebten, sodass man annehmen muss, dass hier wohl nachgeholt wurde, was man in der offiziellen Ehe vermisste.

Über einen solchen Fall sprach man nach dem Tod eines zweifachen Familienvaters: „Vor einigen Jahren habe ich ihn einmal mit der Betreffenden, in den Wein Anlagen gegenüber dem Stadtpark begegnet. Wir haben Beide weggeschaut u. es ist nie etwas über meine Lippen gekommen. Es ist mir vorgekommen, dass sie ein schönes Weib ist, aber keine Rede von erster Jugend ... Eine an der etwas zu anhalten ist. Wie ich sie vor mir gesehen habe, habe ich mir die ‚Geschichte' ganz gut vorstellen können."[99] Aus dieser Beziehung eines Hocharistokraten gingen auch zwei Kinder hervor, die, wie sich bei der Testamentseröffnung herausstellte, auch mit einem hohen Erbe bedacht wurden.

Nicht wenige Aristokraten hatten uneheliche Kinder, „natürliche Kinder“ genannt. Die Ehefrauen, wie die erwachsenen Kinder, wussten meist davon. Die „natürlichen“ Kinder bekamen eine Apanage und wurden wie im obigen Fall meistens auch im Testament mit Legaten bedacht. In der Regel machten die Männer aus ihren unehelichen Kindern kein Geheimnis, denn eine Gefahr stellten sie nicht dar. Da sie von der regulären Erbfolge ausgeschlossen waren, war der Familienverband nicht bedroht. Mit einer standesgemäßen Heirat und der Geburt ehelicher Kinder wurde den Erwartungen der Gesellschaft entsprochen, der Rest galt als reines Privatvergnügen – für den Mann, wohlgemerkt.

Was das Wissen um die außerehelichen Ausflüge ihrer Männer für die Ehefrauen bedeutete, lässt sich aus den Quellen kaum beantworten. Sicher scheint, dass sich die Frauen mit der Situation arrangierten. Sei es, weil sie niemals davon ausgingen, alle Zeit ihrer Ehe glücklich zu sein, sei es, weil es sie persönlich nicht kränkte, wenn der Ehemann, den man in vielen Fällen aus reiner Vernunft und nicht aus Liebe geheiratet hatte, sich außer Haus vergnügte. Vielleicht milderte es für die Frauen auch die eigene Situation, dass sehr viele ihresgleichen betrogen wurden. Zumindest um ihre Stellung mussten die Frauen nicht fürchten. Keine Nebenbuhlerin, keine noch so leidenschaftliche Affäre des Mannes konnte der Ehefrau in ihrer gesellschaftlichen Stellung gefährlich werden. Die Angst, gegen eine andere ausgetauscht zu werden, gab es nicht. Denn die Ehen waren unauflösbar, sowohl von kirchlicher Seite, als auch von den Standeserwartungen – ein entschiedener Vorteil für die Frauen.

Von ehelichen Verfehlungen der Aristokratinnen wurde selten berichtet und weniger getratscht, was aber nicht heißt, dass die Frauen nicht ebenso untreu waren, zumindest ein Teil von ihnen. Frauen achteten nur viel mehr darauf, dass ein Verhältnis nicht ans Tageslicht kam, denn die Gesellschaft hatte untreuen Ehefrauen gegenüber bei Weitem nicht dieselbe Toleranz wie bei Männern. Einen großen Unterschied gab es zwischen Mann und Frau beim Seitensprung: Männer nahmen sich in der Regel Geliebte, die außerhalb ihrer Kreise standen – je weiter entfernt desto besser. Sie wollten jegliche Komplikationen vermeiden. Bei Frauen war

Auch Frauen frönten dem Adelssport Nr. 1, dem Reitsport, hier Gräfin Irma Andrassy, um 1900.

Gräfin Schönborn als reife Frau, um 1890.

es genau umgekehrt. Sie fanden ihre Liebhaber fast ausschließlich in ihrer engsten Umgebung – weil sie eben einen extrem kleinen Bewegungsradius hatten. Frauen gingen Affären mit Reitlehrern, Gardisten oder den in ihrer Umgebung stationierten Militärs ein. Männer, die nicht in ihrer unmittelbaren Umgebung zu finden waren, konnten sie gar nicht kennenlernen.

Es gab noch einen zweiten Punkt, warum Frauen alles versuchten, damit ihre Untreue nicht bekannt wurde. Und der war wesentlich ernster als alle eventuellen Missbilligungen der Standesgenossen: Frauen hatten nicht die Möglichkeit, die Folgen eines Seitensprunges zu verbergen. Wenn ein Ehemann von einer Geliebten ein uneheliches Kind bekam, musste er sich nicht dazu bekennen, das Kind konnte fernab seiner Familie aufwachsen. Er konnte „natürliche" Kinder haben, ohne den Stammbaum seiner Familie zu ruinieren. Frauen hatten diese Möglichkeit nicht und das machte folgenreiche Seitensprünge von Ehefrauen wesentlich gefährlicher als für ihre Männer. Damals galt jedes in einer gültigen Ehe geborene Kind unbestreitbar als Kind des Ehemannes. Wurde eine Ehefrau von ihrem Geliebten schwanger, konnte der Ehemann nichts anderes tun, als das Kind zähneknirschend als sein eigenes ausgeben. Fürst Liechtenstein berichtet einem Freund über einen derartigen Fall in der Familie des später bekannt gewordenen österreichisch-ungarischen Außenministers Graf Leopold Berchtold: „Ohne dass gerade Zeichen und Wunder geschehen sind, hat Frau Berchtold ein Töchterchen geboren, dass unter der Firma Berchtold eingetragen ist. Deine Mutter hatte schon Verdacht geschöpft, wegen einem Zimmerherrn und einem Gardisten, sie scheint Recht zu haben. Ich hätte Frau Berchtold auch das Vergnügen gegönnt, wenn es keine Folgen gehabt hätte, sie scheint sich halt der Freude ganz hingegeben zu haben.“ [100]

Das Töchterchen der Gräfin Berchtold war kein Einzelfall. Auch in der Aristokratie, bis in die höchsten Kreise hinauf, waren Kuckuckskinder häufiger als man annehmen sollte, man wahrte nur Stillschweigen über diese pikanten weiblichen Fehltritte. Trotzdem ließ sich die Weitergabe derart brisanter Skandale nicht verhindern, wie die folgende Briefstelle zeigt: „Wenn folgender Tratsch bei Euch noch nicht bekannt ist so behalte ihn noch für Dich, nämlich Großherzogin Anastasia Mecklenburg hat jetzt ein Verhältnis mit einem Marineur, der ihr Secretair ist und ist trotz ihrer 42 Jahre in die Hoffnung gekommen. Als der Großherzog (Sohn) sie in Cannes besuchen will, lässt man ihm sagen, dass die Mutter die Masern hat und er soll wegen der Ansteckung nicht kommen, die Sache hat aber nicht recht geklappt und er hat Alles erfahren.“ [101]

Manche Korrespondenzen wimmeln von Hinweisen auf uneheliche Kinder: „Die Fürstin Elisabeth Marie hat glücklich in Nizza ihr Kind angebracht. Sie hat so lange Vergnügungen mitgemacht bis das Malheur geschehen ist.“ [102] Das war auch der Grund, warum die Gesellschaft bei monatelangen Reisen ins Ausland, die eine Aristokratin unternahm, stutzig wurde – vor allem, wenn sie in Gegenden fuhr, wo plötzliche Besuche aus der Heimat doch eher unwahrscheinlich waren. Als Fürstin Nora Fugger mit ihrer achtzehnjährigen Tochter für längere Zeit nach Afrika reiste, entschlüpfte Rudolf Liechtenstein: „Nora ist mit ihrer Tochter noch nicht aus Ägypten zurück gekehrt. Ist mir eher verdächtig ich weiß aber nichts darüber.“ [103] Mit dieser Andeutung war die Mutter gemeint, denn er fand die Fürstin Fugger bereits seit langer Zeit eher locker im Umgang mit Männern wie viele Bemerkungen in seinen Briefen beweisen.

Affären von Frauen mit anderen – verheirateten – Aristokraten waren eher selten, zumindest findet sich darüber wenig in den Quellen. Ob es für die Frauen zu riskant war, innerhalb derselben Gesellschaft aus den Konventionen auszubrechen oder ob eventuelle Verhältnisse im Bekanntenkreis einfach noch besser verborgen wurden, lässt sich kaum mit Sicherheit beantworten. Es gibt nur ganz wenige Anhaltspunkte, dass Aristokratinnen mit den Männern ihrer Freundinnen Affären hatten. Graf Eugen Czernin schreibt in seinem Tagebuch einmal, die Frau von Hugo Windisch-Graetz habe aus Liebe zum Grafen Szapary versucht, sich zu vergiften – dies ist einer der spärlichen Hinweise auf ein Verhältnis zwischen verheirateten Aristokraten.[104]

IV
Unverheiratete Frauen – ein hartes Schicksal mit wenig Möglichkeiten

Schicksal „unverheiratet" – Die Frage nach dem Warum – Druck von Seiten der Familie – Der fehlende „Plan B" – Die Kehrseite einer klassischen Erziehung – „Alte Jungfern" und weltfremde Tanten – Von demütigem Verhalten und verbitterten Kritikerinnen – Versorgungsmöglichkeiten für Unverheiratete –Hofdame am kaiserlichen Hof – Adelige Damenstifte – Exzellente Kontakte und Vermögen als Voraussetzungen für ein selbstbestimmtes Leben

Blieb eine Frau unverheiratet, bedeutete dies für sie selbst als auch für ihre Familie eine herbe Enttäuschung. Und hinzu kam noch, dass das gesellschaftliche Stigma einer Unverheirateten in jeder Situation offensichtlich war. „Unverheiratet" war im 19. Jahrhundert in der Aristokratie gleichbedeutend mit „ungewollt", und dies in jeder Hinsicht. Eine junge Frau, die keinen Mann gefunden hatte? Das warf einige Fragen auf und jede dieser Fragen, jede der daraus resultierenden Antworten brachte eine weitere bittere Erkenntnis.

Am Anfang stand die Frage, warum sich kein passender Heiratskandidat eingefunden hatte. Sofern nicht eine körperliche oder psychische Behinderung oder Krankheit die Heiratschancen von vornherein vernichtet hatte, blieb zu Beginn nur eine Erklärung: Das Mädchen war offenbar nicht hübsch oder – zumindest – reizvoll genug, um einen Mann für sich zu gewinnen. Der Heiratsmarkt, Jahr um Jahr der klassischen Wechselwirkung von Nachfrage und Angebot ausgesetzt, war mitunter grausam: Gab es einen großen Schwall an hübschen Komtessen und eine geringe Anzahl von Werbern, konnten sich eben nur die hübschesten, besten Partien einen Heiratskandidaten sichern.

Galt ein Mädchen nicht als Schönheit und hatte sie außerdem nur mit einer kleinen Mitgift zu rechnen, konnte es leicht passieren, dass sie „übrig" blieb – das schlimmste Szenario für ein Mädchen, dessen ganze Erziehung nur auf eines ausgerichtet war: eine möglichst glänzende Partie zu machen. Zu der Enttäuschung und Scham, als Heiratskandidatin nicht gewollt zu sein, kam der subtile

Druck der Familie. Denn wurde der Abschluss der Erziehung zur jungen Dame nicht durch eine Heirat gekrönt, stellte sich die Frage, wozu all der Aufwand, die Ausstattung notwendig gewesen waren. Die Eltern waren enttäuscht. Sowohl von der Tochter, die es offenbar nicht schaffte, den Ansprüchen des Heiratsmarktes zu entsprechen, als auch davon, dass ihre eigenen Hoffnungen auf eine glänzende Partie, die der Familie zur Ehre gereichen würde, nun zerstört wurden. Das Mitleid für die Tochter, die unter der Zurückweisung und der öffentlichen Demütigung litt, und der Ärger über deren Unvermögen, die einzige Aufgabe zu erfüllen, die junge Mädchen hatten, nämlich zu heiraten, lagen oft nah beieinander. In so manchem mitleidigen Blick lag etwas Vorwurfsvolles.

Das größte Unglück junger Frauen in dieser Situation war, dass es keinen „Plan B" gab. Die ganze Erziehung war auf das einzige erstrebenswerte Ziel ausgerichtet: eine Heirat. Was tat eine junge Frau, die zwar gelernt hatte, vornehm einem großen Haushalt vorzustehen, wenn es keinen Haushalt gab? Was nutzte es, anregend und charmant plaudern zu können, wenn es keinen Mann gab, der einen heiraten wollte und keinen eigenen Salon, wo man dieses Talent umsetzen konnte? Was tun, wenn einem von klein auf nahegebracht wurde, der Sinn des Lebens seien Nachkommen, man selbst aber keine haben würde?

Die bloße Präsenz einer unverheirateten Frau war für die Familie und die Gesellschaft unangenehm, denn diese armen Wesen verdeutlichten die unerbittliche Kehrseite einer Erziehung, die die schwachen, „typisch weiblichen" Seiten der Frau überbetonte – weil diese als erstrebenswertes Ideal einer guten Ehefrau galten. Mädchen wurden geradezu zu naiven Frauen herangezogen. Sie wurden über ihren Körper, die Pflichten in der Ehe, völlig im Unklaren gelassen. Möglichst unwissend und naiv zu sein, galt als unschuldig und rein – und dadurch als begehrenswert.

Eine junge Frau sollte nicht selbstbewusst, fordernd und bestimmt auftreten, das tat schon ihr Mann für sie. Sie sollte demütig und bescheiden sein, den Mann stets spüren lassen, dass er derjenige mit Verstand und Intelligenz war. Frauen, meinte man, brauchten keine intellektuellen Fähigkeiten, denn sie mussten sich dem Leben ja nicht stellen. Sie sollten ruhig weltfremd sein und von den Abgründen des Daseins nichts wissen, denn der Mann würde sie schon sicher durch das gemeinsame Leben leiten. Sie mussten „nur“ für Haus und Kinder leben und dafür sei zu viel Geist hinderlich.

All die antrainierten „weiblichen“ Tugenden, die bei den jungen Mädchen noch anziehend waren – Unschuld, Naivität, Weltfremdheit – kehrten sich aber zur Fratze, wenn sie bei reiferen Frauen noch immer vorhanden waren. Stefan Zweig, der wie kein anderer die Befindlichkeiten und Erwartungen seiner Zeitgenossen auf den Punkt brachte: „Aber welche Tragik dann, wenn eines dieser jungen Mädchen seine Zeit versäumte, wenn es mit fünfundzwanzig, mit dreißig Jahren noch nicht verheiratet war! Denn die Konvention verlangte erbarmungslos auch von dem dreißigjährigen Mädchen, dass es diesen Zustand der Unerfahrenheit, der Unbegehrlichkeit und Naivität, der ihrem Alter längst nicht mehr gemäß war, um der ‚Familie‘ und der ‚Sitte‘ willen unverbrüchlich aufrechterhielt. Aber dann verwandelte sich meist das zarte Bild in eine scharfe und grausame Karikatur.“[105]

Wie lebensfremd, ja eigenartig die Ergebnisse einer Erziehung sein konnten, zeigte sich bei den schwächsten Mitgliedern einer Gesellschaft, jenen, die nicht selbst für sich sorgen konnten, denen aber auch die Ausbildung und Mittel verwehrt geblieben waren, sich um sich selbst kümmern zu können. Die beißenden oft grausamen Witze über die sitzengebliebenen „alten Jungfern“ oder umständliche, weltfremde Tanten kamen nicht von ungefähr. Zweig: „Man verhöhnte sie mit einem Unverständnis, das uns heute degoutiert.“

Ein Leben als Unverheiratete bedeutete völlige Abhängigkeit von der Familie. Die meisten Töchter blieben bei den Eltern, wurden im Laufe ihres Lebens zu deren Unterhalterinnen und Pflegerinnen. Die permanente Umsorgung der Eltern, ein Leben unter dem elterlichen Dach in fortgeschrittenem Alter tat den wenigsten gut. Die meisten alterten frühzeitig und wurden verschroben. Im besten Fall wurden die unverheirateten Schwestern und Tanten in ihrer Familie gebraucht. Oftmals halfen Unverheiratete auch in ihren Familien aus, wenn Mütter jung verstarben und kleine Kinder hinterließen. Sie nahmen dann bis zur neuerlichen Vermählung des Hausherrn die Stellung der Hausfrau ein und überwachten die Erziehung der Kinder. War ihre Aufgabe erfüllt, verließen sie meist wieder die Familie und setzten ihr eigenes – einsames – Leben fort. Vermählten sich die Witwer nicht wieder, konnte es

Die bekannte Schriftstellerin Marie von Ebner-Eschenbach als junge Frau (links). Eines der wenigen Beispiele eines unabhängigen Lebenslaufes. Als geborene Gräfin Dubsky hatte sie einen Mann geheiratet, dessen Adel tiefer war als ihr eigener. Marie von Ebner-Eschenbach war eine der ungewöhnlichsten Aristokratinnen. Sie absolvierte eine Uhrmacher-Ausbildung, hatte Erfolg als Schriftstellerin und erhielt den ersten weiblichen Ehrendoktor der Universität Wien, um 1865.

durchaus vorkommen, dass die „Tanten" bis an ihr Lebensende im Haus und die Ersatzmutter der Kinder blieben – eine der wenigen Gelegenheiten, sich wirklich gebraucht zu fühlen.[106]

Selbst wenn ledige Töchter über ein kleines Vermögen verfügten, das ihnen zumindest ersparte, von der Gnade eines – vielleicht nicht immer wohlgesonnenen – Bruders abhängig zu sein, musste die Familie doch auch auf die „Tante" Acht geben. Denn manche ledige Tante blieb ihr Leben lang in einem oft geradezu kindlichen Glauben, was das Leben und dessen finanzielle Erfordernisse angeht. Vor allem in Vermögensangelegenheiten waren manche Frauen geradezu gefährlich naiv. Eine reiche, unverheiratete Aristokratin etwa, die ein bedeutendes Kapital geerbt hatte, gab das Geld, das – bei sparsamem Umgang – ihren Unterhalt garantieren sollte, recht flott mit beiden Händen aus. Als die Familie merkte, dass sie im Begriff war, ihr kleines Vermögen zu verlieren, schickte man einen Verwandten, um der alten Tante ins Gewissen zu reden, doch sparsamer zu sein. Als Antwort erhielt der verdutzte Verwandte, dass er sich um sie nicht ängstigen müsse, sie habe alles genau durchdacht. Denn wenn das Kapital aufgebraucht sei, würde sich die Tante halt mit den Zinsen begnügen. Die Familie beließ die Tante in ihrem Glauben und überwies ihr zusätzliche monatliche Apanagen – die freilich für die nie versiegenden „Zinsen" gehalten wurden.[107]

Wie die ledigen Frauen mit ihrem Schicksal umgingen, war durchaus unterschiedlich. Manche legten ein geradezu demütiges Verhalten gegenüber ihrer Umgebung an den Tag. Vor allem, wenn ihnen von Seiten ihrer Verwandten immer wieder angedeutet wurde, wie froh sie sein könnten, von der Familie mitgetragen zu werden. Andere wiederum wurden verbittert und vermeinten, sich nun jegliche Kritik an ihrer Umwelt herausnehmen zu dürfen. Vor allem Kinder fürchteten diese unverheirateten, bissigen Tanten. Alois Auersperg erinnert sich etwa, dass „die Tanten", wie sie genannt wurden, mitunter recht herrisch in ihren Familien auftraten: „Ihre Kritik konnte dank ihrer Autorität oft recht gefährlich werden. Sie meinten eben aus ihrer meist bevorzugten Stellung als Weltverbesserer auftreten zu müssen, wenn ihnen auch das, was man Welt nennt, dank ihrer geborgenen Verhältnisse nicht ganz geläufig war."[108]

Oftmals schlossen sich Unverheiratete auch besonders eng an ihre Geschwister an und standen dann nicht selten deren eigener Familiengründung im Weg. Ledige Schwestern wachten mitunter mit Argusaugen über ihre unverheirateten Brüder und booteten jede potentielle Nebenbuhlerin um seine Gunst aus. Einige Schwestern übten fast schon Kontrollfunktion über ihre Brüder aus. Selbst der unverheiratete Generaladjutant Kaiser Franz Josephs, Graf Eduard Paar, ein lebenslanger Junggeselle, der aber im fortgeschrittenen Alter ein inoffizielle Lebensgefährtin hatte, stand unter strenger Kontrolle seiner Schwestern. Als ihn seine Lebensgefährtin einmal auf Kur begleitete, fanden dies seine Freunde „in Anbetracht der Schwestern sehr risquiert!“[109]

Wollte man weder zur weltfremden alten Tante werden, die täglich zu spüren bekam, wie gnädig es sei, sie im Haus zu behalten, noch sein Leben im Dienst der Eltern verbringen, hatte man als unverheiratete Aristokratin ausschließlich zwei Möglichkeiten, ein unabhängiges Leben zu führen und standesgemäß für den eigenen Unterhalt zu sorgen beziehungsweise versorgt zu werden: entweder den Dienst bei Hof oder die Aufnahme in ein adeliges Damenstift.

Als Hofdame am kaiserlichen Hof konnten unverheiratete Aristokratinnen ein relativ angenehmes Leben führen. Die Gehälter der Hofdamen richteten sich danach, ob sie bei der Kaiserin selbst oder einer Erzherzogin ihren Dienst taten. Als Hofdame der Kaiserin erhielt man ein Gehalt von ungefähr 5.000 Gulden jährlich, zusätzlich eine Wohnung in der Hofburg und in jedem Schloss, in dem sich die Kaiserin aufhielt, sowie Kost- und Sejourgeld.[110] Für besondere Anlässe, wie die Teilnahme an den Hofbällen und bei Festlichkeiten zu Ehren ausländischer Staatsgäste, wurde noch ein zusätzlicher „Toilettebeitrag“ ausbezahlt.[111] Als Hofdame der Kaiserin hatte man eine angesehene Stellung, einen sicheren Platz in den oberen Rängen der Hofhierarchie, zudem Anspruch auf eine Pension, eine lebenslange Wohnmöglichkeit in der Hofburg und Anspruch auf jederzeitige Benutzung einer Hofequipage.

Tat man Dienst bei einer der Erzherzoginnen, war der Lohn ein wenig geringer und der Rang nicht so hoch wie bei den Hofdamen der Kaiserin. Die Möglichkeiten, die einem geboten wurden, waren jedoch allemal besser als ein einsames Leben bei den alten Eltern oder eine Abhängigkeit vom Bruder und Familienchef.

Denn als Hofdame war man einerseits stets in Nähe der kaiserlichen Familien – was an sich schon als erstrebenswert galt; zudem war man unter Menschen, konnte auch als Ledige Hoffeste und öffentliche Veranstaltungen besuchen und hatte immerhin noch die Chance, einen Ehemann zu finden. Denn bei Hof tummelten sich eine Menge Aristokraten und viele davon unverheiratet. Der Hofdienst war auch für Männer eine Versorgungsoption. Nachgeborene Söhne, die aus Mangel an eigenem Vermögen einer Familiengründung ausgewichen waren beziehungsweise als Heiratskandidaten für vermögende Komtessen nicht in Frage gekommen waren ... So manche Hofdame fand am kaiserlichen Hof ihren späteren Ehemann.

Der bekannteste und spektakulärste Fall einer Aristokratin, die sich ursprünglich als Ledige ihren Unterhalt bei Hof verdiente, war jener der böhmischen Gräfin Sophie Chotek, die den österreichischen Thronfolger Franz Ferdinand heiratete.[112] Obwohl aus einer der ältesten und vornehmsten böhmischen Adelsfamilien stammend, hatte Sophie Chotek Schwierigkeiten auf dem Heiratsmarkt. Die Familie war nicht vermögend und die junge Gräfin, deren Liebe zum Thronfolger schon vor ihrem Hofeintritt begann, musste sich bis zur Bekanntgabe der erst heimlichen Beziehung als Hofdame verdingen. So angenehm in der Regel eine Stelle als Hofdame sein mochte, Sophie Chotek hatte nicht das beste Los gezogen: Sie kam als Hofdame zu Erzherzogin Isabella, die für ihre ruppige und herablassende Art bekannt war. Nichtsdestotrotz konnte letztendlich auch die vorher nicht besonders begehrte Gräfin Chotek eine Partie machen – und mit dem Thronfolger noch dazu die beste in der ganzen Monarchie.

Die zweite Möglichkeit zu einer standesgemäßen Versorgung für unverheiratete Aristokratinnen boten die adeligen Damenstifte. Damenstifte waren die klassische Versorgungsanstalt für die unverheirateten Töchter der Aristokratie – weltliche Klöster, in denen die adeligen Damen ein zurückgezogenes aber dennoch standesgemäßes Leben führen konnten. Die Frauen hatten in den Stiften ihre eigenen Wohnungen, einen eigenen Haushalt, und widmeten ihre Zeit dem Gebet, aber auch sozialen Aufgaben.

Anders als Nonnen mussten Stiftsdamen kein lebenslanges Gelübde ablegen. Sie lebten jedoch nach den Regeln des weltlichen Ordens. In der Regel trugen sie auch kein eigenes Ordenskleid; ihre Kleidung sollte jedoch schwarz und mit dem Ordenszeichen versehen sein, Schmuck durfte dezent getragen werden. An Festtagen trugen sie schwarze Seidenkleider mit Schleppe. Die Stiftsdamen mussten nicht völlig zurückgezogen von der Welt leben, sondern durften zu Hof- und Adelsfesten oder in die Oper gehen, Spazierfahrten unternehmen und Besuche absolvieren. Auch durften sie ihre Familien für längere Aufenthalte besuchen. Die Stiftsdamen konnten außerdem über eigenes Vermögen verfügen.

Die Gründung einiger Damenstifte lässt sich bis ins frühe Mittelalter zurückverfolgen. Die meisten Damenstifte waren Stiftungen von vermögenden Frauen oder Familien, um so genannten „hohen Damen" ihrer Gesellschaft eine standesgemäße Versorgung zu garantieren. Es kam auch vor, dass sehr reiche Herrschaftsfamilien ein Damenstift gründeten, um selbst eine unversorgte Tochter standesgemäß unterzubringen. Auch Kaiserin Maria Theresia gründete etwa ein Damenstift, dessen Äbtissin (die Vorsteherin des Stiftes) ihre Tochter Maria Elisabeth wurde, die nach einer Pockenerkrankung durch Narben verunstaltet war und unverheiratet blieb – ein klassisches Motiv für eine Stiftsgründung. In ein Damenstift eintreten konnte nur, wer einen tadellosen Stammbaum hatte und – so verlangten es viele Stifte – wer etwas Vermögen mitbrachte.

Adelige Damenstifte waren nicht nur klassische Versorgungsanstalten für übriggebliebene Töchter und eine Alternative zur Ehe. Sie waren manchmal auch eine Vorstufe zum wirklichen Kloster. Eine Stiftsdame hatte die Möglichkeit zu heiraten, und fand sich ein Bewerber um ihre Hand, konnte sie jederzeit das Stift verlassen. Sie konnte sich nach einiger Zeit aber auch für den Eintritt in einen geistlichen Orden entscheiden und den Schleier nehmen. Damenstifte waren also auch eine Art letzte Zwischenstation für unverheiratete Aristokratinnen, bevor sich ihr weiteres Schicksal endgültig entschied.

Diese beiden einzigen Möglichkeiten eines relativ selbstständigen und versorgten Lebens für unverheiratete Aristokratinnen – der kaiserliche Hof und adelige Damenstifte – waren aber nicht für alle eine Option. Einerseits gab es stets eine größere Nachfrage nach Hofdamenposten und Plätzen in Damenstiften, als es Angebote gab. Andererseits kamen hier wie dort nur jene Damen in den Genuss einer Versorgungsstelle, die entweder über Beziehungen oder das nötige Kapital verfügten.

Eine alte Äbtissin, die Vorsteherin eines adeligen Damenstiftes in Festrobe, mit Hermelin und Orden, um 1865.

Um etwa bei Hof unterzukommen, gar im engsten Kreis der kaiserlichen Familie, musste man schon über exzellente Kontakte verfügen. Denn die kaiserliche Familie rekrutierte ihre Hofdamen in erster Linie über ihren bereits bestehenden Hofstaat. Die Verwandten von Hofdamen oder Obersthofmeisterinnen, die man kannte und schätzte, zog man eher heran als völlig Unbekannte. Familien, die bei der kaiserlichen Familie bereits Posten bekleiden durften, taten sich wesentlich leichter, ihre unverheirateten Töchter und Schwestern zu vermitteln, als Familien, die bislang keinerlei Hofchargen stellten.

Um in Damenstifte eintreten zu können, brauchte man zwar auch Kontakte, eines aber noch mehr: die großzügige finanzielle Unterstützung seiner Familie. Denn in die weltlichen Stifte musste man sich, wenn man nicht der Stifterfamilie entstammte, „einkaufen". Die finanzielle Versorgung der Stiftsdamen wurde durch das

Stiftsvermögen sichergestellt, aus dem die hohen Damen jährliche Ausschüttungen erhielten. Damit sich das Vermögen nicht verkleinerte (und damit die jährlichen Apanagen) wurden nur Frauen aufgenommen, die genug Kapital mitbrachten.

Beide Varianten – Hof und Stift – waren letztendlich doch nur für jene unverheirateten Frauen eine realistische Option, deren Familie entweder über ausgezeichnete Kontakte zum Hof oder über ein bedeutendes Vermögen verfügte. Für minder begüterte Familien hingegen gab es kaum alternative Möglichkeiten, wenn sie ihren Töchtern und Schwestern ein halbwegs versorgtes und selbstbestimmtes Leben als Unverheiratete bieten wollten.

V
Standesbewusstsein, Traditionen und Werte

Eine geschlossene Gesellschaft – Der „Gotha" – „Eine große Familie" – Du-Wort und „Petit Nom" – Die Gnade der hohen Geburt – Ein eiserner Verhaltenskodex – Der aristokratische Wertekanon – Standesgemäßes Auftreten – „Faxen machen" – Natürlichkeit im gesellschaftlichen Umgang – Die „berühmte" Contenance" – Bloß nicht „portiererisch" sein – Die Treue zum Kaiser – Die Verbundenheit zum „Haus" – Die etwas andere Zeitrechnung des Adels – Der Katholizismus – Eine Spaltung der Aristokratie – „Haute Pieté" versus „Aufgeklärte Verstandesmenschen"

„Die Aristokratie war eine in sich geschlossene große Familie. Die meisten duzten sich und nannten sich beim Vornamen, da sie ja fast alle, mehr oder minder nahe, irgendwie verwandt oder zumindest verschwägert waren. Sie hatten ihre gemeinsamen Interessen, ihre gemeinsamen Erinnerungen an die Séjours, die sie abwechselnd in diesem oder jenem Schlosse in den Sommermonaten zusammen verlebt, oder an die Jagden, auf denen sie sich im Herbst miteinander vergnügt hatten." [113]

So die Definition einer Aristokratin über ihren Stand. Und diese Definition fasst zusammen, was die Mitglieder der Aristokratie im Wesentlichen zusammenhielt: Das Wissen um die gemeinsame Herkunft und die Vertrautheit im Umgang miteinander – beruhend auf dem gleichen sozialen Hintergrund aller. Alle Mitglieder der Aristokratie hatten im Großen und Ganzen die gleiche Lebensweise, das gleiche Freizeitverhalten und meistens auch die gleichen Vorlieben.

Diese Verbundenheit fußte auch auf dem Umstand, dass wirklich alle, zumindest in irgendeiner Weise, miteinander verwandt waren. Man las regelmäßig und eifrig im berühmten „Gotha", dem Gesamtverzeichnis aller fürstlichen, gräflichen und freiherrlichen Familien der Donaumonarchie und des Reiches, um über die Verwandtschaftsverhältnisse der Standesgenossen informiert zu sein. War man nicht sicher, ob ein anderer Aristokrat nicht doch mit einem verwandt war, reichte ein Blick in den Gotha. Spätestens in der dritten Generation rückwärts fand sich bestimmt ein gemeinsamer Verwandter.

Die Aristokratie im weitesten Sinne als eine große Familie zu bezeichnen, hat also seine Berechtigung – wenn man auch aufpassen muss, die Verwandtschaftsverhältnisse und die Häufigkeit der Eheschließungen zwischen den verschiedenen Familien im Vergleich mit anderen Bevölkerungsgruppen nicht überzubewerten. Das Wort „Inzucht" fällt schnell und oft zu leichtfertig. Geht man davon aus, dass allein die Aristokratie immerhin 300 bis 400 Familien umfasste, wobei jede Familie durch Haupt- und Nebenlinien zig Mitglieder hatte, so ergibt sich daraus doch ein relativ gut durchmischter Heiratspool. Man darf vor allem nicht vergessen, dass durch die wesentlich geringere Mobilität der Menschen im 19. Jahrhundert der Heiratsmarkt der verschiedenen Schichten generell wesentlich enger war. Und der Durchschnitt der ländlichen Bevölkerung hatte in der Regel wesentlich weniger unterschiedliche Ahnen als der Adel. (So manches abgeschiedene Dorf in der Monarchie etwa, deren es gar nicht so wenige gab, bestand im Wesentlichen aus einer Handvoll Familien die seit Jahrhunderten untereinander heirateten.)

Besser ist es also, den Begriff „eine große Familie" auf den sozialen Zusammenhalt zu beziehen. Denn mindestens ebenso identitätsstiftend wie eine gemeinsame Herkunft ist die gleiche Lebensweise, in der sich der Einzelne wiederfinden konnte. Die Vertrautheit, das Wissen in seiner Lebensführung vom anderen verstanden zu werden (weil der andere exakt die gleiche Lebensweise hatte), gab Sicherheit. Nachteil daran war freilich, dass man sich als Gesellschaftsgruppe immer mehr abschottete und mit allen, die anders lebten (immerhin der Großteil der Gesellschaft), im Laufe der Jahrhunderte immer weniger anfangen konnte: „Es war sicher nicht Hochmut, sondern eine gewisse Trägheit, eine unbezwingbare Abneigung davor, geniert zu sein und sich anders als gewohnt geben zu müssen, warum sich der Adel gegen alles Fremde abschloss."[114] So Fürstin Fugger über die Neigung ihrer Gesellschaft, sich abzuschotten.

Wer dazugehörte, hatte einen „Petit Nom" – einen Kurznamen. Kein Name, der nicht irgendwie abgekürzt wurde. Es gab einen „Rudi", eine „Maritschi", einen „Heini", einen „Tutz" und einen

„Wintschi", aus Karl wurde „Kari", aus Eleonore wurde „Lori". Der Kurzname war quasi der persönliche Mitgliedsausweis der Aristokratie, mehr noch, der Kurzname, gemeinsam mit dem vertrauten „Du", war der inoffizielle Code dafür, dass man Teil dieser exklusiven Gesellschaft war. Auch für jene wenigen Aufsteiger, die es im 19. Jahrhundert schafften, von der Aristokratie angenommen zu werden (was freilich nur einer Handvoll gelang) war der definitive Beweis ihrer Akzeptanz ein individueller Petit Nom. Nathaniel Rothschild etwa, obwohl schon seit geraumer Zeit in den Adelstand erhoben, konnte sich trotz großer Gastfreundschaft über lange Zeit nicht als wirklich zugehörig und angenommen in der Aristokratie fühlen. Als ihm dann Graf Wilczek als Erster das „Du" anbot und er mit der Zeit zum beliebten „Natty" wurde, wusste er, dass er es geschafft hatte. Der Adel adelte seine neuen Mitglieder selbst – eben mit dem Kurznamen.

Der vertraute Umgangston innerhalb der Aristokratie führte mitunter zu Ausdrücken, die Uneingeweihte überhaupt nicht verstehen konnten. Als der Botschafter Graf Nicolaus Revertera das Goldene Vlies erhielt, den höchsten Orden der Monarchie, den der Kaiser stets nur einer Handvoll auserwählter Aristokraten verlieh (und der die Form eines Widderfells hatte), fasste Reverteras aufgeregte Schwester das – allen schnellstens mitgeteilte – Ereignis in einem Ausruf zusammen: „Der Colly hat's Lampl kriegt!"[115] Was natürlich niemanden, der nicht Teil der Aristokratie war, auf die Idee bringen konnte, dass hier von einem Orden die Rede war. Für Nicht-Eingeweihte hatten manche Konversationen der Aristokratie den Anschein, als würden sie in einer Fremdsprache geführt.

Offen und durchlässig war die Aristokratie überhaupt nicht; die gläserne Decke war kaum zu durchbrechen. In diese Gesellschaft einzudringen war unmöglich für Menschen, die nicht jenen ersten Familien oder zumindest deren Verwandtenkreis angehörten. Eine Zeitgenossin: „Ein Fremder wäre nicht nur als störend und die gewöhnte allgemeine Intimität hemmend empfunden worden, er hätte sich auch selbst nicht wohl gefühlt; denn auch dem größten Verstandes- und Gedächtnisriesen wäre es nicht gelungen, sich in all den Vornamen, petits noms und Verwandtschaftsverhältnissen zurechtzufinden und die allerhand kleinen, mystischen Beziehungen und Vertrautheiten zu verstehen".

Fürstin Liechtenstein-Degenfeld in dramatischer Pose, um 1880.

Zur Aristokratie gehörte, wer hineingeboren war, es zählte ausschließlich die Herkunft. Wirtschaftliche Leistung und Erfolg galten – zumindest für den Großteil – gar nichts. Industrielle und Multimillionäre waren von den Salons der Aristokratie genauso weit entfernt wie Bürgerliche. Auch dem Briefadel (jene Gruppe, die für ihre Leistungen für den Staat mit einem niedrigen Adelsprädikat ausgezeichnet worden war), war es nicht möglich, von der Aristokratie akzeptiert zu werden. Zur Demonstration der vielen Lichtjahre, die die Hocharistokratie vom Briefadel trennten, erzählte man gern dieses bissige Bonmot: „Fragt ein Prinz Windisch-Graetz einen Prinzen Auersperg: ‚Sag einmal, was ist das eigentlich, ein Baron?‘ Auersperg denkt eine Weile nach, dann meint er, immer noch überlegend: ‚Weißt du, das ist so: Ein Baron ist einer, der sein ganzes Leben darauf wartet, dass ein Liechtenstein ihm Du sagt!‘“

Was die Aristokratie in ihrem innersten Wesen kennzeichnete, war ein eiserner Verhaltenskodex und ein Wertekanon, der in Stichworten lautet: Treue zum Kaiserhaus, starker Familienzusammenhalt, ausgeprägter Katholizismus.

Der aristokratische Verhaltenskodex war ein Gemisch aus ritualisierten Verhaltensweisen, anerzogener hoher Selbstdisziplin mit sozialer Kontrolle durch die Umgebung, moralischen Ansprüchen und einer auf christlichen Werten basierenden Grundhaltung gegenüber seiner Umwelt. Inwieweit der Einzelne diesen Ansprüchen gerecht wurde, lässt sich nicht beantworten – ihre fundamentale Bedeutung und die entsprechend hochgesteckten Erwartungen an die Kinder, aber auch an die erwachsenen Standesgenossen, sich danach zu richten, lässt sich aber durch die Quellen deutlich belegen.

Die harte Erziehung, die der Adel durchlief – und zwar Männer wie Frauen – brannte gutes Benehmen geradezu in die Persönlichkeit ein.[116] Grundlage eines „aristokratischen Auftretens" war die Notwendigkeit, sich „standesgemäß" zu verhalten. Standesgemäß hieß, jene Werte zu verinnerlichen und zu leben, die Teil der aristokratischen Identität waren. Wie man sich verhalten sollte, war klar geregelt: respektvoll gegenüber den Älteren; den guten Ruf, die Ehre der Familie nicht durch eigenes schlechtes Benehmen gefährden und stets darauf bedacht zu sein, Contenance zu wahren. Würdevolle, ja, grandseigneurale Einfachheit und Bescheidenheit sollten das eigene Auftreten auszeichnen; man sollte sich nicht wichtigmachen, sich selbst zurücknehmen.[117] Oder, wie ein Zeitgenosse schrieb: „Wenn man auch noch so sehr aufwendig lebte, war das Ärgste, es zur Schau zu stellen, was man mit Abscheu ‚protzen' nannte."[118]

Man sollte nobel sein, nobel im Auftreten, aber auch nobel gegenüber dem Nächsten. Diese Noblesse sollte sich zum Beispiel im milden Urteil über andere, vor allem nicht so glückliche, Menschen zeigen. So manches überlieferte Beispiel wirkt aus heutiger Sicht eigenartig, gar sarkastisch – war es aber dennoch nicht. Prinz Alois Auersperg: „So war dies in der damaligen Zeit eine Ausdrucksweise der Noblesse und nicht wie man heute sagen würde, Scheinheiligkeit. Wie wenig versteht doch eine Generation die Vorhergehende! Ich erinnere mich sehr gut, wie oft man Comtessen, die der Schönheit entbehrten sagte: ‚Aber sie hat doch so gut angewachsene Haare oder sie hat doch ihre Mutter so gern'. Man hatte eine selbstverständliche Güte in der Beurteilung, wenn diese andererseits sehr durchsichtig war."[119]

Auch sollte man „keine Faxen machen".[120] Faxen machen, das hieß sich nicht zurücknehmen zu können, und „sich zurückzunehmen" war eine der wesentlichsten Eigenschaften, die es zu leben galt und die am besten „aristokratisches" Verhalten charakterisierte: Man hatte sich zusammenzunehmen, die berühmte Contenance zu wahren, im engsten Umgang genauso wie im weitesten. Man ließ sich nicht gehen, langweilte seine Umgebung nicht mit persönlichen Befindlichkeiten, jammerte nicht über physische oder psychische Beschwerden oder über Schicksalsschläge, sondern ertrug alles, was das Leben einem aufbürdete, unaufgeregt und mit Würde.

Dieser Anspruch der Aristokratinnen an sich selbst und ihresgleichen, sich stets zurücknehmen zu müssen, ging mitunter aber so weit, dass jegliches Verhalten, das nicht exakt der Norm entsprach, selbst das pubertäre Aufbäumen junger Mädchen gegen Heiratsvorstellungen der Eltern, als „Faxen machen" galt. Der Grat zwischen dem Herunterschrauben der eigenen Befindlichkeiten zugunsten eines lockeren, das Gegenüber nicht überfordernden Miteinanders und dem Anspruch an sich, Gefühle und Sorgen zu unterdrücken, war oft ein sehr schmaler – und das Balancieren darauf nicht immer gesund. Wie die große Zahl versteckter Depressionen zeigt, die die Korrespondenzen ans Tageslicht bringen.

Verhielt man sich „geziert oder unnatürlich", galt man schnell als „affektiert".[121] Man sollte nicht protzen, sondern sich „natürlich" geben. Selbst wenn man enorm einflussreich war oder zu den ranghöchsten Aristokraten zählte, galt es, sich gegenüber seiner Umgebung natürlich zu zeigen – ungezwungen zu parlieren, ungezwungen Gastgeberin zu sein oder ungezwungen die gesellschaftlichen Pflichten zu absolvieren.

Diese Natürlichkeit im Umgang musste natürlich von frühester Kindheit an gelernt sein und war den meisten durch Prägung mit- und weitergegeben. In diesem Anspruch auf Natürlichkeit lag auch die Schnittstelle zu allen anderen gesellschaftlichen Schichten, die den Wunsch hatten, in aristokratische Kreise vorzudringen. Denn dieses lockere, leichte, natürliche Miteinander konnte nur leben, wer von kleinst auf daran gewöhnt war, dass die eigene

Stellung unabhängig von jeder Leistung, sogar unabhängig von jeglichem Besitz, unantastbar an der Spitze der Gesellschaftspyramide war. Die Gnade der hohen Geburt ermöglichte es, ein angeborenes Selbstbewusstsein, eine Stellung in der Gesellschaft zu haben, die man nicht erwerben musste, sondern in die man geboren wurde. Natürlich im aristokratischen Sinn war, wer sich nicht bemühen musste, eine Stellung auszufüllen.

Jedes Bemühen der aufstrebenden Wirtschaftskapitäne und ihrer Frauen, dem aristokratischen Lebensstil nachzueifern, um von der Aristokratie anerkannt zu werden, musste deshalb zwangsläufig scheitern. Denn sie „bemühten" sich eben. Der Bau der kostspieligsten Palais, der Erwerb des teuersten Schmuckes waren Bemühungen, einen Lebensstil zu kopieren, und wirkten dadurch alles andere als locker und leicht. Die Frauen der Ringstraßenbarone, die – oftmals ängstlich – versuchten, den Umgangsformen der Aristokratinnen zu entsprechen, wirkten gerade in diesem, ihrem Bemühen auf die adeligen Damen unweigerlich geziert. Die Welt des Adels beruhte einzig auf der schwer zu definierenden Verhaltensweise, dass man sich eben nicht bemühte besonders vornehm zu sein, man war es einfach von klein auf und erkannte unbarmherzig jeden, der erst im späteren Leben versuchte, diese selbstverständliche Nonchalance zu erwerben.

Ein Aristokrat war ständig der sozialen Kontrolle der anderen Mitglieder der Ersten Gesellschaft ausgesetzt – ritualisierte Verhaltensweisen waren also an der Tagesordnung. Innere Unaufgeräumtheit, Unruhe, Eifersucht, Liebeskummer: Nichts durfte nach außen dringen. Man wahrte seine soziale Maske, mit einem Wort: seine „Contenance". Kleinere Verstöße gegen den Verhaltenskodex wurden als „unnütz" bezeichnet. Wer sich eines schlechten Benehmens schuldig machte, wurde als „der Arme" oder „die Arme" bezeichnet, mit einem leicht mitleidigen Unterton, der erkennen ließ, dass die betreffende Person wohl nicht in der Lage sei, die Unschicklichkeit ihres Tuns selbst zu erkennen.[122] Ernste Verstöße gegen ein standesgemäßes Auftreten bedeuteten das gesellschaftliche Todesurteil.[123]

Standesgemäßes Verhalten und Auftreten war das Um und Auf der Gesellschaft. Über jeden noch so kleinen Fehltritt wurde geredet und jegliches Benehmen, das auch nur im Geringsten davon abwich, wie man aufzutreten hatte, wurde sofort registriert und verurteilt – die Nachricht verbreitete sich selbstverständlich wie ein Lauffeuer. So berichtet Prinz Liechtenstein in einem seiner Briefe zunächst über eine Regierungskrise, die ihn an ein baldiges Ende der Doppelmonarchie glauben ließ, um gleich darauf den zweiten „Skandal" anzuschließen, nämlich: Ein „Cari T. Trauttmannsdorff hat bei einem Konzert seine Füße auf den Sprißl des Vordersessel gegeben u. gar so bequem gethan!"[124] Die Gleichwertigkeit der prinzlichen Erregung über diese beiden Vorkommnisse spricht Bände.

Ganz schlimm war es freilich, wenn man von einem Aristokraten als „portiererisch"[125] bezeichnet wurde. Mit diesem Wort bedachte der Adel freilich nie Mitglieder seiner eigenen Gesellschaft, sondern Menschen, die mit den Usancen aristokratischen Benehmens nicht vertraut waren und durch Unwissenheit gutgemeintes Verhalten an den Tag legten, das – für adelige Augen – völlig unangebracht war. Denn benahm sich jemand portiererisch, so hieß das, dass derjenige absolut nicht wusste, was sich gehörte. Als ausgeprägt portiererisch galt zum Beispiel, bei Diners über die Bonität der Küche zu sprechen. Auch kam man zu Einladungen niemals mit einer uneingeladenen Begleitung. Man hätte sich auch „portiererisch" benommen, wenn man Blumen für die Hausfrau mitgenommen hätte, denn es hätte lächerlich gewirkt, wenn man der Besitzerin eines Palais mit Gartenanlage und Gewächshäusern ein Bouquet mitgebracht hätte. Auch Trinkgelder zu geben galt als portiererisch, denn Bedienstete eines Herrschaftshauses wurden entsprechend entlohnt und für zusätzliche Dienstleistungen mit einer Trinkgeldablöse bedacht; sie waren daher nicht auf milde Geldspenden der Gäste angewiesen.[126]

Der Unterschied im Auftreten der aristokratischen und der anderen „guten Gesellschaft" lag im von klein auf anerzogenem Wissen davon, was sich gehörte, wie man sich verhielt und was die Umgebung erwartete. Dieses Wissen wurde innerhalb der Familien weitergegeben, vorgelebt, und stets aufrechterhalten durch die Kontrolle der Mitmenschen. Bis ins Detail genau erklären, was genau den Habitus aristokratischen Verhaltens und Auftretens ausmachte, konnte man nicht, konnte nicht einmal die Aristokratie selbst. Es war mehr ein instinktives Erkennen wer aus dem gleichen Stall kam. Wie ein Aristokrat sagte: „Man hat eben oder man hat eben nicht."[127]

Ein Bild mit Symbolkraft: Gräfin Ludmilla Berchtold vor ihrem Schreibtisch, darüber ihre Ahnengalerie. Das Wissen um die Ahnen, ihre Taten, die Geschichte der Familie und die stete Erinnerung an die eigene Herkunft waren fundamentale Bestandteile des aristokratischen Selbstverständnisses, um 1870.

Die gemeinsamen Werte der Aristokratie dagegen ließen sich genau benennen und waren leicht erklärt: Treue zum Kaiser, zur Familie und zur katholischen Kirche waren die verbindendsten und identitätsstiftendsten Maximen. Ein Aristokrat, eine Aristokratin sollte ganz seinen oder ihren Pflichten entsprechend leben, den Pflichten gegen das Kaiserhaus, gegenüber der Familie und der Kirche.

Die Treue zum Kaiserhaus verband alle Aristokraten, egal welcher politischen Richtung sie sonst zugewandt waren. Der Kaiser selbst verkörperte für den Adel den Staat, war der Staat. Die Verfassung hingegen – für die Bürger das entscheidende Kriterium eines Staates – tangierte die Aristokratie wenig, die demokrati-

Die Familie und der Begriff des „Hauses“ zählte mehr als alles andere in der Aristokratie. Hier ein Familientreffen des fürstlichen Zweiges der Familie Auersperg auf Schloss Zleby in Böhmen, um 1900.

sche Entwicklung des Staates betrachtete die Aristokratie sogar eher mit Skepsis. Durch diese Gleichsetzung von Kaiser und Staat hatte der Adel aber auch für den aufkommenden Nationalismus wenig Verständnis, der gegen Ende des 19. Jahrhunderts in der Politik alle Dämme brach. Denn der Adel sah sich zwar zum Großteil der deutschen Kultur verpflichtet, ohne aber daraus politische Forderungen abzuleiten. Der Adel fühlte sich ausschließlich dem Kaiserhaus verpflichtet – aber sicher nicht den gewählten Abgeordneten, die im Parlament Klientelpolitik machten (und ab den 1880er Jahren eben auch nationalistische Politik).

Die Treue zum Kaiser war aber mehr als nur ein unhinterfragter Ehrbegriff. Sie war auch Legitimation der eigenen hohen Stellung. Denn das Kaiserhaus war der Garant, dass die eigene Stellung an der Spitze des Reiches und der Gesellschaft gewahrt und Sonderrechte garantiert wurden. Ohne Kaiser kein Adel – wie sich 1918/19 zeigen sollte.

Ein grundlegender Wert war auch die Verbundenheit zum „Haus“ – jenes Wort, das den weitgefassten Familienbegriff des

Adels am besten verdeutlicht. Das „Haus“ war Vergangenheit, Gegenwart und Zukunft der Familien in einem. Die Erinnerung an die Ahnen war stets präsent und der Stolz auf ihre Leistungen und die Weitergabe der Familientraditionen die wichtigste Pflicht jedes Familienmitglieds. Es gab das stete Bemühen, schon den Kindern die Familiengeschichte nahezubringen und den permanenten Anspruch, den Leistungen der Vorfahren gerecht zu werden. Der Begriff Familie umfasste in der Aristokratie eben nicht nur jene Menschen, mit denen man lebte, sondern auch die vorherigen Generationen, und schloss auch die – hoffentlich sich einstellenden – Nachkommen ein. Man dachte und handelte nicht ausschließlich im Hier und Jetzt, sondern sah sich stets auch als Bindeglied zwischen „früher“ und „später“, Vergangenheit und Zukunft. Eingebettet in das Wissen um das Alter des eigenen Geschlechts galt es für den Einzelnen stets, über den momentanen Augenblick hinauszudenken. Was zählte, war nicht, persönliche Lebensträume zu verwirklichen, sondern die Werte, Einstellungen und Erinnerungen – aber auch das Vermögen – der Familie möglichst unverändert an die Nachkommen weiterzugeben.

Diese Einstellung ist sicherlich auch Teil der oft kritisierten Unbeweglichkeit des Adels. Er hatte – salopp gesprochen – eine andere Zeitrechnung. Änderungen in der Lebensweise, in den Traditionen vollzog man nicht von heute auf morgen. Was sich über Generationen bewährt hatte, warf man nicht einfach über Bord – und die Phase des Prüfens von Neuem konnte beim Adel lange dauern. Wie konnte man sich anmaßen zu wissen, dass man etwas besser wusste als die Alten? Was, wenn sich Änderungen als Fehlentscheidungen herausstellten – welche Konsequenzen hatte dies für die nachkommende Generation? Selbst in finanziellen Angelegenheiten zeigte man ein Traditionsbewusstsein, das fast schon schädigend war. Auch völlig unrentabler Besitz wurde selten veräußert, vor allem wenn er schon seit Jahrhunderten in der Familie war. Niemand wollte der Erste sein, der den Nachkommenden veränderte Verhältnisse hinterließ. Auch der Respekt vor den Verpflichtungen, die man miterbte, verbot eine allzu kurzfristig gewinnbringende Betrachtung des Besitzes. Wenn die eigene Familie schon seit Jahrhunderten in einer Region Arbeitgeber war oder zumindest die Erhaltung der Wälder und Landschaften garantierte, wollte man nicht derjenige sein, der sich dieser Verpflichtungen entledigte – was geheißen hätte, dass man die Wünsche der Vorfahren nicht wertschätze und dadurch weitertrug.

Weiteres verbindendes Element des Adels war die christliche Religion, genauer gesagt deren römisch-katholische Ausrichtung. Die katholische Charakterbildung war oberstes Erziehungsideal und ein Leben nach den Regeln der katholischen Kirche die oberste Maxime. Unabhängig davon, wie intensiv die einzelnen Mitglieder der Aristokratie nach den Regeln der katholischen Kirche lebten, war der Katholizismus ein identitätsstiftendes Merkmal. Fast der gesamte Adel war katholisch. Nach dem Sieg der katholischen Liga bei der für den österreichischen Adel so bedeutsamen „Schlacht am Weißen Berg" am 8. November 1620, inmitten des Dreißigjährigen Krieges, wurde – zunächst in Böhmen – der protestantische Adel vertrieben. Österreich wurde nach dieser Schlacht und der danach einsetzenden Gegenreformation ein erzkatholisches Land und der Adel (nach dem Kaiserhaus) eine der großen Stützen Roms.

So verbindend der Katholizismus innerhalb der Aristokratie war – so sehr sollte er dennoch an der Wende vom 19. zum 20. Jahrhundert zu einer Spaltung innerhalb des Adels führen. Bis zu diesem Zeitpunkt war der Adel durch seine relativ homogene Einstellung zur Kirche gekennzeichnet. Manche mögen gläubiger gewesen sein als andere, manche disziplinierter in der Ausübung ihres Katholizismus als andere – es herrschte dennoch ein Grundkonsens über die Notwendigkeit, die Werte des katholischen Glaubens hochzuhalten.

Doch in der zweiten Hälfte des 19. Jahrhunderts kam es aber innerhalb des Adels zu einer – feinen – Spaltung der Gläubigen, ausgelöst durch die politischen und gesellschaftlichen Änderungen in Gesellschaft und Politik. Das aufgeklärte Bürgertum, die deutschnationalen Parteien und die Sozialisten bekämpften, zunehmend stärker, erfolgreicher, den Einfluss der Kirche auf den Staat. Nachdem das Konkordat abgeschafft, die Zivilehe eingeführt und der Kirche auch die Kontrolle über den Schulunterricht genommen wurde, ging es nunmehr vor allem um einen Kulturkampf. Aus dem Schlagwort „Los von Rom" entwickelte sich eine gesellschaftspolitische Bewegung. Von Seiten der Kirche entstand als Reaktion, eine immer stärker werdende katholische Gegenbewegung. Diese wurde nicht nur von der christlichsozialen Partei, sondern auch

Die Familie als höchster Wert: Graf Fritz und Gräfin Paula Stollberg mit ihren Kindern, um 1900.

von einem Teil des Adels mitgetragen und fand ihren demonstrativen Höhepunkt im Eucharistischen Kongress des Jahres 1912.

Je freier, kritischer und selbstbewusster die Gesellschaft wurde, desto konservativer wurde die Kirchenpolitik, die nun aktiv für eine – freilich konservative – Reform des Glaubens eintrat. Die Kirche in Österreich zeigte sich nun so konservativ wie schon lange nicht mehr. Rom schickte charismatische Prediger, vorwiegend Jesuiten, nach Wien, um die Spitzen der Gesellschaft auf den neuen, erzkonservativen Kurs der Kirche einzuschwören. Ein Teil des Adels unterstützte die eucharistische Bewegung, manche identifizierten sich so sehr damit, dass sie schon bigott anmutende Züge zeigten. Kritik an dieser Strömung wurde oftmals mit dem Vorwurf mangelnden Glaubens abgeschmettert.

Für strenge Anhänger der eucharistischen Bewegung war ein Weg ins Himmelreich nur mehr durch die übertriebene Einhaltung der kirchlichen Vorschriften möglich. Diese Überbetonung von Dogmen, die unhinterfragte Akzeptanz der nun auftretenden Führer der katholischen Bewegung und die übertriebene Frömmigkeit stießen viele gläubige Aristokraten ab. Selbst sehr fromme Katholiken gingen nun auf Distanz zu den Klerikalen. Denn plötzlich wurde dem Einzelnen nicht mehr zugestanden, nach bestem Gewissen katholisch zu leben, sondern der Glaube an ein starres nach den Regel der eucharistischen Bewegung definiertes Weltbild galt nun als einzig wahres, katholisches Christentum.

Selbst bis in den kaiserlichen Hof wurde dieser Kulturkampf getragen. Manche Mitglieder seiner Familie versuchten sogar, den Kaiser selbst für diese neuen Ansprüche der Kirche zu gewinnen. Franz Joseph, sein Leben lang ein korrekter aber nicht bigotter Katholik, der in seiner Position als Kaiser auch Vorlagen und Gesetze vertrat, die von der Kirche abgelehnt wurden, war massiven Einflussnahmen der Klerikalen ausgesetzt – die er freilich stets erkannte und abschmetterte.

Sein Obersthofmeister Fürst Liechtenstein tobte, als er erfuhr, dass es Versuche gab, einen – für seinen missionarischen Eifer berüchtigten – Jesuiten als Prediger bei Hof unterzubringen.[128] Nach einem Auftritt des Jesuiten, der Vorträge bei einer Adelsversammlung hielt, und dessen Reden und Forderungen ihm zu extrem waren, schrieb Liechtenstein an einen Freund: „Es könnte mir recht sein aber eigentlich ist es mir's nicht, man wird den Ideen der eigenen Caste dadurch immer mehr fremd. Leute die für mich mein ganzes Leben lang fromm gläubig waren sind schon out wie zb. Deine Mutter, Seine Majestät. Letzterer der meine Gesinnung kennt, fühlt sich in diesen Sachen immer mehr und mehr zu mir gedrängt. Früher gab er mir manchmal einen scherzhaften Schnapper, jetzt gehören wir aber so ziemlich ins selbe Fach wegen den Übertreibungen auf die man stößt ... Die Frömmigkeit wird durch kirchliche Gesinnung in den Hintergrund gedrängt."[129]

Katholisch, gläubig, den Tugenden des Christentums verbunden waren freilich fast alle Aristokraten und Aristokratinnen, manche mehr, manche weniger. Hinsichtlich ihrer Einstellung und Lebensführung formierten sich um die Jahrhundertwende innerhalb des österreichischen Adels zwei große Gruppen.

Die eine Gruppe, „Haute Pieté"[130] genannt, war im Großen und Ganzen extrem konservativ, aber vor allem streng gläubig und kirchentreu. Das Leben ihrer Anhänger wurde ganz von den kirchlichen Vorschriften bestimmt, so dass es, wie ein Zeitgenosse sagte, bei ihnen „schon als so genannte Todsünde galt, vor dem Sakrament Wasser getrunken zu haben."[131]

Solche religiösen Skrupel konnten mitunter sogar guten Geschäften im Wege stehen – so geschehen einem Fürsten Auersperg. Dieser war Besitzer eines Gebäudekomplexes im ersten Wiener Gemeindebezirk, in dem sich, ohne dass der Auerspergische Verwalter ihn informierte, ein Nachtlokal eingemietet hatte. Das Nachtlokal war der beste und sicherste Mieter des gesamten Komplexes. Auf sein Seelenheil bedacht, fragte der Fürst seinen Beichtvater um Rat, ob er denn ein solches Geschäft überhaupt machen dürfe, ohne zu sündigen. Dieser entschied, dass es keine Sünde wäre, das Lokal zu behalten – solange es dort keine „Chambres separées" gäbe. Nun waren aber solche Extrazimmer und außerdem ein gültiger Mietvertrag vorhanden und Fürst Auersperg tat, was er tun musste: Er verkaufte Hals über Kopf den gesamten Gebäudekomplex. Eher wollte er eine sichere Einnahmequelle verlieren, als sein Seelenheil.[132] Beispiele wie dieses zeigen auch, wie konsequent manche Aristokraten dem eigenen Anspruch, nach den Regeln der Kirche zu leben, nachkamen.

Die zweite Gruppe innerhalb der Aristokratie betrachtete sich als „Aufgeklärte Verstandesmenschen".[133] Sie lehnte Begriffe wie Hölle und Fegefeuer als „Köhlerglauben" ab[134] und wurde von den Konservativen als „Liberale" bezeichnet – ein Wort, das, wenn es von Erzkonservativen kam, mehr Schimpfwort als Beschreibung war. Als liberal galt schon, wer die Politik Roms hinterfragte. Liberal war auch, wer es mit der Einhaltung der religiösen Pflichten nicht genau nahm. Die folgende Briefstelle zeigt nicht nur, wie unterschiedlich die Aristokratie gegen Ende der Donaumonarchie schon in ihrer Einstellung zum Glauben war, sondern auch wie sehr man bei aller Freisinnigkeit noch immer unter großer sozialer Kontrolle stand. Fürst Rudolf Liechtenstein erzählt über seinen Neffen, der selbst als Erwachsener noch niemals gebeichtet hatte: „Eine kleine Geschichte, die mich ganz enorm unterhält kann ich Dir nicht vorenthalten, aber Du darfst sie niemandem erzählen in Erinnerung an meine Schwester Elise, die noch nachträglich in ihrem Grabe gekreuzigt würde. Locky Herberstein hat sie mir apropos der Nervositäten Kari Salms, der menschenscheu ist, erzählt, dass er so agitiert war, weil er nie in seinem Leben gebeichtet hat. Elise hat gar nichts auf diese Sachen gehalten u. war die Schwächste aller Mütter, als zur Zeit die Rede davon war hat Kari geraunzt und so wurde immer verschoben bis die Sache in den Sand verlief. Ich glaube wirklich, dass das der einzige Fall in der ganzen Christenheit ist, Was würden gewisse Leute für Krämpfe bekommen, wenn sie das wüssten ... Ich möchte wirklich wissen, wie er sich aus der Affaire gezogen hat u. ob der Geistliche etwas gemerkt hat."[135]

Versucht man also, eine Charakteristik der Aristokratie während der franzisko-josephinischen Epoche, ergäben sich folgende kleinste Nenner: Die Treue zum Kaiserhaus; das Hochhalten von Familiengeschichte und Traditionen; ein strikter Verhaltenskodex, der den Umgang miteinander regelte sowie eine starke Abgrenzung zu allen anderen Gesellschaftsschichten. Dies waren die am stärksten verbindenden Elemente. Was die Rolle der katholischen Kirche betraf, so erfolgte an der Wende zum 20. Jahrhundert zum ersten Mal eine innere Spaltung des Adels, oder exakter formuliert: Vormals gleiche Grundeinstellungen fanden sich nun an den entgegengesetzten Enden einer Skala.

VI
„Wohltätigkeiten" – die Charity-Events der Kaiserzeit

Die „Wohltätigkeit" – Die Tradition der adeligen Armenfürsorge – Die praktische Hilfe der Frauen – Die frühe Form des Fundraising – Die Erfinderinnen der „Charity-Events" – Kontakte mit der Zweiten Gesellschaft – Alter Name trifft prallen Geldbeutel – Wohltätigkeitskomitees und Protektorate – Fürstin Pauline Metternich, eine Meisterin des Spendensammelns – Die Hochblüte der exklusiven Wiener Wohltätigkeitsevents – Tableaux vivants – Prinz Liechtenstein schimpft über „Wohltätigkeitserpressungen" – Einige Aristokratinnen verweigern sich – Erfolge und Versagen der aristokratischen Wohltätigkeitsarbeit

Die einzige aller traditionellen Pflichten der Aristokratinnen, die nicht in ihrem unmittelbaren Bereich, also innerhalb der Familie, zu erfüllen war, war die „Wohltätigkeit". Unter dem Sammelbegriff Wohltätigkeit verstand man die althergebrachte Aufgabe der Frauen von Grundherren, für die Armen und Schwachen der Herrschaft tätig zu sein. Bis zur Aufhebung der Grundherrschaft im Jahre 1848 hatte der Adel die Pflicht, innerhalb der Grenzen seiner Herrschaft für die Armenfürsorge aufzukommen (neben den Rechten, die der Grundherr auch hatte, wie etwa das Recht auf Abgaben). Nach der Aufhebung der Grundherrschaft übernahmen die neu gegründeten Gemeinden die Armenfürsorge. Die soziale Fürsorge in Österreich wurde also im selben Moment kommunalisiert, als man die Grundherren aus ihren Rechten und Pflichten entließ.

Die adelige Armenfürsorge hatte eine lange Tradition. Und sie beruhte auf einer Mischung aus Pflichten gegenüber dem Staat (oder genauer: dem Herrscher), persönlichem Engagement und christlich motiviertem Verantwortungsbewusstsein. In der Regel war ein adeliger Grundherr bestrebt, die Menschen seiner Herrschaft nicht in extreme Armut abgleiten zu lassen. Einerseits, weil man doch Verantwortung für die Untergebenen empfand, sicherlich aber auch, weil ein hoffnungsloses Lumpenproletariat keiner

Herrschaft nutzte. Raub und Diebstahl, Verweigerung des Gehorsams, Unsicherheit auf den Straßen und nicht zuletzt sozial motivierte Aufstände konnten die Sicherheit einer Herrschaft schnell in Gefahr bringen.

Es wurde also versucht, der Armut, oder exakter gesprochen, dem Ausbreiten einer extremen Armut entgegen zu wirken. In der Praxis konnte dies auf vielfältige Art geschehen. Direkte Geldzuwendungen von Seiten der Herrschaft, die Bereitschaft und Verpflichtung, den Menschen der Umgebung Arbeit zukommen zu lassen, die Gründung kleiner privater Pensionskassen, in die der Grundherr zuschoss, die Einrichtung kleiner Spitäler in den Seitenflügeln von Schlössern, die Anstellung von Gemeindeärzten – Wege, die Armut einzudämmen, gab es viele. Der Aufgabenbereich der Wohltätigkeit war klar geteilt: Die Männer gaben das Geld und ihre Frauen waren diejenigen, die sich um die Armen und Kranken persönlich kümmerten. Entsprachen sie dem Ideal einer Grundherrenfrau, so besuchten sie die Armen, ließen sich die Probleme und Sorgen persönlich vortragen, gaben Zuspruch, versorgten sie mit Nahrung, Kleidung und Medizin und versuchten, wenn nötig, bei ihren Männern eine Arbeit für jene zu erwirken, die ohne Einkommen waren.

Die Frauen verhielten sich durchaus praktisch in der Umsetzung ihrer wohltätigen Aufgaben. In Krisenzeiten, wie während den regelmäßig wiederkehrenden Choleraepidemien, oder in Hungerjahren, wenn die Bevölkerung ganzer Landstriche plötzlich auf Hilfe angewiesen war, wurden in vielen Schlössern tägliche Ausspeisungen vorgenommen. In den Schlosshöfen wurde aus riesigen Kesseln die berühmte „Rumforder Suppe" ausgegeben (eine Art Kraftsuppe auf der Basis von getrockneten Erbsen und Graupen beziehungsweise Kartoffeln, die als besonders stärkend galt), um die Ernährung der Bevölkerung sicherzustellen. Neben dem Personal musste der gesamte weibliche Teil der Familie unter der Leitung der Hausherrin bei der Ausspeisung mithelfen.[136]

Die Armenfürsorge des Adels war örtlich begrenzt. Man half jenen, die innerhalb der eigenen Herrschaft lebten. Auch kannte man die Betroffenen persönlich, kannte ihre Familien, ihre Leidensgeschichte und fühlte sich ihnen – zumindest im moralischen Sinne – durch das Herrschaftsverhältnis verbunden. Mit der Aufhebung der Grundherrschaft 1848 endete diese traditionelle Aufgabe der

Aristokratinnen; für die Armenfürsorge war nun die staatliche Lokalverwaltung zuständig.

Die Aristokratinnen blieben jedoch der Wohltätigkeit verpflichtet. Doch die Art und Weise, wie sie diese praktizierten, änderte sich nun von Grund auf. Als die Armenfürsorge noch zu den offiziellen Aufgaben des Adels gehörte, wurde Wohltätigkeit erstens immer nur in der unmittelbaren Umgebung ausgeübt, zweitens hatte man persönlichen Bezug zu den Armen, und drittens war man in die Praxis involviert. Nun aber suchte sich die Wohltätigkeit einen anderen Ort und nahm neue Formen an.

Zum Wohle der Armen war man ab nun insofern tätig, als man Geld sammelte und nicht mehr unmittelbar vor Ort half. Der direkte, persönliche Aspekt fiel nun weg – das Engagement anonymisierte sich. Auch der Ort, wo man sich für die Wohltätigkeit engagierte, war jetzt ein anderer. Nicht mehr in der Umgebung der eigenen Schlösser war man jetzt aktiv (denn dort war nun die Gemeindeverwaltung zuständig), sondern in der Residenzstadt Wien. Die dritte Änderung lag in der Art und Weise wie geholfen wurde. Nicht mehr still und unbeachtet von der Gesellschaft innerhalb der eigenen Herrschaft, sondern mit viel Glanz, Pomp und – schon damals – großem medialen Getöse.

Es begann nun die Zeit der großen, oft riesigen Wohltätigkeitsveranstaltungen in Wien. Man sammelte Geld für die verschiedensten wohltätigen Vereine, eine frühe Form des „Fundraising" also, und organisierte zu diesem Zweck gesellschaftliche Veranstaltungen, die den – nicht unangenehmen – Nebeneffekt hatten, dass man sich gleichzeitig auch vergnügen und als Organisatorin glänzen konnte. Die „Wohltätigkeit" der Aristokratinnen war ab nun also Pflicht und Vergnügen zugleich. Die altösterreichischen Aristokratinnen waren, zumindest hierzulande und auf ihre Art, die Erfinderinnen von „Charity-Events".

Die Damen, die diese Veranstaltungen ins Leben riefen, hatten neben dem guten Ruf, mildtätig zu sein, auch Gelegenheit, ihre Fähigkeit, wundervolle Feste zu organisieren, unter Beweis zu stellen. Man konnte sich bewundern lassen für die Pracht der Veranstaltungen, für die originellen Ideen, die man umsetzte, und hatte stets einen Grund, selbst in prachtvoller Robe zu glänzen – und das alles einzig zugunsten der Wohltätigkeit. Die Aristokratinnen überboten einander förmlich in ihren Veranstaltungen, jede

Ein Wohltätigkeitsbazar in Prag, organisiert von den Damen der Aristokratie. Die Verkaufsstände wurden von den hohen Damen betreut, der Verkaufserlös kam einer Wohltätigkeitsorganisation zugute, um 1900.

wollte die originellste Organisatorin sein, jede wollte die meisten Spenden einnehmen.

Um wirklich große Summen einnehmen zu können, konnte die Aristokratie aber nicht mehr ausschließlich unter sich bleiben. Dafür musste schon das Opfer gebracht werden, mit der so genannten Zweiten Gesellschaft, den Wirtschaftsbaronen und Industriellen gemeinsam aufzutreten. Denn die erfolgreichsten Wohltätigkeitsorganisationen waren jene, wo ein alter klingender Name auf einen gefüllten Geldbeutel traf: „Ein großer Name schaffte Verbindungen und wohl gefüllte Beutel, die solche suchten, konnten bei dieser Gelegenheit angezapft werden“, schrieb ein Aristokrat.[137]

Ziel jeder Wohltätigkeitsveranstaltung war es, möglichst große Summen zugunsten einer guten Sache zustande zu bringen. Für große Wohltätigkeitsfeste, die oft einem Ball gleichkamen und zum Teil zehntausende Gulden einbrachten, mussten ungleich mehr Spenden und Finanziers gefunden werden, damit sich solche „Events“ auch wirklich rechneten. Aus diesem Grund öffneten die Damen der Aristokratie ihre Salons zum ersten Mal auch den Ehefrauen der Industriellen und der Hochfinanz (freilich auch nur für diese speziellen Anlässe). Aristokratinnen gründeten „Wohltätigkeitskomitees“, deren Schirmherrschaft sie übernahmen – die berühmten „Protektorate“, die die Organisation und Ausstattung einer Veranstaltung lenkten.

In diese Komitees lud man nun die Damen der Zweiten Gesellschaft zur Mitarbeit ein. Diese Damen, die sich in der Regel wünschten, von der Aristokratie endlich wahrgenommen zu werden und sich danach sehnten, dass sich ihnen einmal die Salontüren der Aristokratinnen öffneten, waren ein voller Gewinn für die gute Sache. Denn sie engagierten sich natürlich voller Begeisterung und brachten nicht nur viel eigenes Engagement, sondern vor allem auch das Geld ihrer Männer mit ein.

Die Sitzungen der Komitees fanden in den alten Palais der Aristokratie statt, wohin die Aristokratinnen die Damen der Zweiten Gesellschaft sonst niemals einluden. Die Zweite Gesellschaft, ganz aufgeregt, endlich in der Ersten Gesellschaft angekommen zu sein, öffnete ihre wohlgefüllten Geldbörsen und sorgte für den nötigen Gewinn. Von Dauer waren diese gemischten Gesellschaften freilich nicht. Kaum waren die Wohltätigkeitsveranstaltungen zu einem guten Ende gebracht, gab es keine weiteren Zusammenkünfte oder gar Einladungen der Aristokratinnen mehr. Wie ein aristokratischer Zeitgenosse es einmal ausdrückte: „Sie stellten die Exklusivität in Rechnung ohne dass dies ein gesellschaftliches Nachspiel haben musste“.[138]

Im Zeitalter Franz Josephs gab es in der Wiener Gesellschaft Wohltätigkeitsveranstaltungen im ganz großen Stil. Für ein „Kinderschutzfest“ unter der Präsidentschaft von Mitgliedern der Familie Kinsky wurde etwa die halbe Wiener Ringstraße für den Verkehr gesperrt. Nur Besucherwägen wurden durchgelassen. Verkaufsbuden säumten den Ring, Komtessen gingen mit Sparbüchsen herum und erbaten Spenden, auf kleinen Bühnen gab es die Wiener Schauspiellieblinge zu sehen und Essensstände boten Leckereien an. Der gesamte Erlös wurde gespendet.[139]

Besonders beliebt waren Bälle bei den Organisatorinnen. Man öffnete sein Palais, lud zu einem „Motto“-Ball zugunsten einer guten Sache ein und ließ sich die oft immensen Auslagen vom Komitee abgelten, das für die Spendenorganisation zuständig war. Man ließ die Besucher für den Eintritt zahlen und verrechnete auch jedes Getränk. Der Gesamterlös ging an ein Kinderheim, eine Armen-

Gräfin Elisabeth Ketteler-Schaffgotsch als „Schneeflocke" bei einem „Motto"-Ball, 1884.

ausspeisung oder ein Spital. Gleichzeitig konnte man auch immer in prachtvoller Robe in seinem schönen, alten Palais glänzen.

Die erfolgreichste Organisatorin solcher Wohltätigkeitsveranstaltungen, ja, Spektakel, war Fürstin Pauline Metternich, in Wien jedermann als „Fürstin Pauline" bekannt, die Enkelin und gleichzeitig Schwiegertochter des berühmten Staatskanzlers. Sie war nach dem Tod der legendären Fürstin Eleonore Schwarzenberg die tonangebende Dame der Gesellschaft und nahm ihre gesellschaftliche Bedeutung sehr ernst. Sie fühlte sich verpflichtet, die Künste zu fördern und den von ihr unterstützten karitativen Vereinigungen große Summen zukommen zu lassen – freilich nicht ohne auf ihr Vergnügen zu vergessen, wie ihr ihre Kritiker immer wieder vorwarfen. Sie lud zu großen Soireen in ihr Palais, wo bekannte Musiker aufspielten und man den bedeutendsten Schauspielern Wiens beim Deklamieren zuhören konnte. Als Mäzenin förderte

Die Verkleidung für einen „Motto"-Ball:
Prinzessin Aglae Kinsky in Tracht, 1888.

sie auch den künstlerischen Nachwuchs. Dass die Fürstin bei ihren Wohltätigkeitsveranstaltungen immer auch als Hauptakteurin auftrat und sich mal als Sängerin, mal als Schauspielerin ins Rampenlicht stellte, nahmen ihr viele – oft aus Neid – übel, anderen wiederum waren ihre Auftritte zu wenig standesgemäß. Dennoch oder gerade wegen ihrer fast schon hyperaktiven Geschäftigkeit galten ihre Einladungen und die von ihr konzipierten Wohltätigkeitsfeste als die unterhaltsamsten.

Fürstin Pauline Metternich nahm auch mit Abstand die meisten Spenden ein, sie unterstützte tatkräftig verschiedenste Vereine. Eine Freundin der Fürstin: „Mit ihrer schönen, originellen Handschrift schrieb sie unermüdlich unzählige ‚Bettelbriefe', wie sie sich selbst ausdrückte. Niemand konnte ihr widerstehen, niemand hatte das Herz und den Mut, ihre Briefe abschlägig zu beantworten; denn sie war mächtig und tonangebend in der Wiener Gesell-

Die berühmte Fürstin Pauline Metternich: Enkelin des legendären Staatskanzlers, die schrillste Aristokratin der Monarchie, Organisatorin riesiger Wohltätigkeitsevents. Wortführerin des Adels in allen Bereichen der Kunst, selbstbewusst und laut war Pauline Metternich, die unangefochtene erste Dame der Aristokratie gegen Ende der Monarchie.

schaft."[140] Der Grund für ihren Erfolg als Spendensammlerin lag nicht nur in ihrer eifrigen Briefschreiberei, sondern in der Tatsache, dass Pauline Metternich den größten aller Geldbeutel angezapft hatte – jenen der Familie Rothschild.

Baron Nathaniel Rothschild, der ältere Bruder des Familienchefs der berühmten Bankiersfamilie, hatte auf jeglichen Anteil an den Familiengeschäften verzichtet und führte ein angenehmes Leben als großzügiger Mäzen in Wien. Er galt als einer der engsten Freunde des Ehepaares Pauline und Richard Metternich, die – als ehemaliges österreichisches Botschafterpaar – in Paris Mitglieder des französischen Zweigs der Rothschilds kennenlernten. Wieder zurück in Wien, halfen sie dann den Wiener Rothschilds

Freiherr Nathaniel „Natty“ Rothschild, Mäzen und Philanthrop, enger Freund der Fürstin Metternich, deren Wohltätigkeitsveranstaltungen er kräftig mitfinanzierte.

bei ihrem Eintritt in die Erste Gesellschaft. „Natty“ Rothschild war jenes Mitglied der schwerreichen Familie, das über die besten Kontakte zur Aristokratie verfügte, was nicht zuletzt an der Tatsache lag, dass er über eine exzellente Pferdezucht verfügte und – wie eben bei Pauline Metternichs Wohltätigkeitsfesten – stets ein offenes Ohr für die Spendenaufrufe der hohen Damen hatte.

Die tiefe Freundschaft zwischen Pauline Metternich und Nathaniel Rothschild brachte für beide Vorteile. Denn Pauline konnte bei jeder ihrer Aktivitäten auf die Unterstützung der Familie Rothschild hoffen und Nathaniel Rothschild hatte, wie gesagt, in Pauline und ihrem Mann einen Türöffner für die Aristokratie. Solange Nathaniel

Die böhmische Aristokratin Gräfin „Rudi“ Mirbach
in einer Abendrobe mit interessanter Kopfbedeckung, um 1885.

Rothschild seinen Platz in der Aristokratie noch nicht sicher hatte, war es stets die Fürstin Metternich, die ihre Standesgenossen geradezu in sein Palais trieb. Denn bei den Einladungen des Junggesellen Rothschild fungierte Metternich als Vertretung einer Dame des Hauses. Sie begrüßte die ankommenden Gäste – und merkte sich genau, wer von ihren Standesgenossen nicht gekommen war. Den Unmut der resoluten Fürstin wollte natürlich niemand auf sich ziehen, denn nicht nur verfügte Pauline Metternich über ausgezeichnete Kontakte zum Kaiser, dessen Kinderfreundin sie war – auch wollte niemand auf Einladungen zu ihren äußerst beliebten Festen verzichten.

Während der Hochblüte der exklusiven Wiener Wohltätigkeitsevents in den 1880er Jahren wurde jede Möglichkeit genutzt, um den vielen Festen und Zusammenkünften des Adels einen karitativen Anstrich zu geben. Es gab Wohltätigkeitsbazare, Picknicks und Tees zugunsten einer guten Sache, Tennisturniere, deren Preisgeld gespendet wurde, und vieles mehr.[141] Eine Zeitgenossin: „Die Wiener Gesellschaft unterhielt sich gerne – es mag ruhig zugegeben werden – sie arrangierte allerlei Festlichkeiten, Bälle und Konzerte, Caroussels und Festzüge, Théatre parés und Garden partys, trieb auch allerlei Luxus, liebte Sport und Kunst ...“[142]

Besonders beliebt waren so genannte „Tableaux vivants“, auf Deutsch: „lebende Bilder“ – eine mittlerweile völlig unbekannte Art der künstlerischen Darbietung, bei der man als „Bild“ auftrat. Hierbei verkleidete man sich, um eine Szene in der Art eines Bildes stumm und unbewegt darzustellen. Hieß das Motto eines Abends der lebenden Bilder zum Beispiel „Eine Allegorie auf den Frühling“, so ließen sich die Damen blumenübersäte Fantasiekleider schneidern und jede stellte eine andere Frühlingsblume dar, oder etwa einen Schwan (durch ein Kleid, das über und über mit Federn geschmückt war). Beliebt waren aber auch Darstellungen aus der Geschichte, wie etwa barocke Szenen, mittelalterliche Alltagsdarstellungen oder Szenen aus dem Biedermeier. In prächtigen Kostümen positionierte man sich hinter einem Vorhang, die Requisiten passend zum Kostüm, und wenn der Vorhang aufging, verharrte man regungslos in seiner Position und ließ sich als „Bild“ bewundern. Zahlreiche entzückte Ausrufe und Applaus begleiteten die Darstellung, die in der Regel eine knappe Minute dauerte. Dann schloss sich der Vorhang wieder und dahinter positionierte sich eine weitere Gruppe Mitwirkender, um eine andere Szene darzustellen.

Diese lebenden Bilder waren der Gipfel an aristokratischem Luxus; denn für eine Zeitspanne von weniger als einer Minute wurden sehr kostbare, enorm teure Kostüme in Auftrag gegeben, die ob ihrer Extravaganz niemals wieder getragen werden konnten. Um wenigstens eine Erinnerung an diese Kurzauftritte zu haben, wurden die Szenen oftmals in einem Fotostudio nachgestellt und aufgenommen. Zu jener Zeit gab es in der Aristokratie regelmäßige Abende, die ganz im Zeichen der „Tableaux vivants" standen und bei denen sich oftmals der halbe Adel an einem einzigen Abend zu einem vorgegebenen Motto in exquisiter Kostümierung einfand.

Die meisten dieser Abende waren als Wohltätigkeitsveranstaltungen aufgezogen, die Besucher zahlten also einen Eintritt, der als Spende einem wohltätigen Verein zugeführt wurde. Indem man solchen Veranstaltungen den Schein der guten Sache gab, täuschte man sich freilich darüber hinweg, dass es ohne ernsten Hintergrund kaum möglich gewesen wäre, sich in einer Gesellschaft, die so viel Wert auf zurückhaltendes Auftreten legte, derart der Eitelkeit hinzugeben. Denn die lebenden Bilder waren nichts anderes, als eine Möglichkeit, sich aufzuputzen und bewundern und beklatschen zu lassen. Betrachtet man die zahlreichen Fotos zu diesen Veranstaltungen, stellt sich doch die Frage, ob sich diese Wohltätigkeitsveranstaltungen wirklich gerechnet haben. Denn nur ein einziges dieser Kostüme, die weitaus aufwendiger waren, als die selbst schon sehr teuren Ballkleider, mag mehr gekostet haben als jegliches gesammelte Eintrittsgeld.

Zur Jahrhundertwende hin hatte sich ein richtiges „Wohltätigkeitsbusiness" herausgebildet. Kein Event, keine Einladung konnte seltsam genug sein, um nicht doch, mit dem Stempel der Wohltätigkeit versehen, akzeptabel zu erscheinen. Jeder wollte mitmischen im Reigen der Wohltätigkeitsveranstaltungen. Der Obersthofmeister des Kaisers, Prinz Rudolf Liechtenstein, selbst ein Mann, der oft und viel in seiner Umgebung spendete, sprach mitunter bereits von „Wohltätigkeitserpressungen": Man könne Einladungen, die der Wohltätigkeit dienten, nie ablehnen, selbst wenn man an den guten Absichten der Organisatoren und am Sinn der Veranstaltung zweifle. Als er zu einem „Wohltätigkeits-Diner"

Wieder ein Beispiel für die Fantasiekostüme bei den „Motto"-Bällen: Eine Aristokratin in einer Robe, übersät mit Schmetterlingen, um 1885.

ins Wiener Hotel Bristol eingeladen war, bemäkelte er, dass dasselbe Essen, das man sich sonst um 4 Gulden kaufe, zu diesem Anlass um 10 Gulden verrechnet werde. Und dies nur, damit auch eine ihm bekannte Gräfin sich nun endlich den Ruf einer Wohltäterin erwerben könne, indem sie anderen teuer verrechne, was sie selbst privat spenden könne, um von anderen öffentlich dafür bewundert zu werden.[143]

Zu den Wohltätigkeitsveranstaltungen wurden Journalisten des berühmten „Salonblatt" eingeladen – jener Zeitung, die vorwiegend von der „besseren Gesellschaft" berichtete. Das Blatt informierte seine Leser über die Veranstaltungen, die anwesenden hohen Gäste, die kostbaren Kleider der Damen und nicht zuletzt auch über den Zweck der Veranstaltungen. Es begann nun bei vielen Damen ein Buhlen um die Nennung im Salonblatt; jede wollte erwähnt werden, besser noch sollte ihr Kleid beschrieben werden und die Glücklichsten fanden sich mit Bild (gar manche auf der Titelseite) wieder.

Je mehr Wohltätigkeitsveranstaltungen es gab, desto Ausgefalleneres musste man bieten, um sich abzuheben. Von besonders aufgeschlossenen Damen wurden manchmal zu Soireen auch Volkssänger eingeladen, um Nicht-Alltägliches zu bieten. Diese Berührungspunkte mit den einfachen Künstlern galten aber stets als gefährlich, denn man wusste ja nicht, ob nicht eventuell der eine oder andere derbe Ausdruck fallen würde – ein erwartungsvoller wohliger Schauer, eine Mischung aus Neugier und der Angst vor Peinlichkeiten, durchzog stets die Besucher dieser Soireen. Je ungewöhnlicher der Interpret, desto heikler sein Auftritt: Denn manches, was bei Volksfesten als lustig galt, war in Adelskreisen für Damenohren shocking. Die extravagantesten Soireen mit Volkssängern gab wie immer Pauline Metternich. Bei einer ihrer Einladungen wurde aber die Grenze des Anstandes überschritten. Denn der eingeladene Volkssänger trug derart ordinäre Lieder vor, dass sich die anwesenden Damen auf ihren Sesseln vor Verlegenheit wanden. Die jungen, unschuldigen Komtessen verstanden kein Wort. Ein befreundeter Aristokrat: „Wenn wer anderer diese Soiree gegeben hätte wäre es ein Fiasko gewesen, denn den halben Abend hat man auf ihn (den Vortragenden, Anm.) warten müssen und die andere Hälfte hat er Couplets gesungen, die auf den Comtessen Index gehören ... Das Ärgste war ‚der Jäger und die Fischerin' die Pointe ist leicht zu erraten!"[144]

Das gesellschaftliche Leben der Aristokratie hatte sich durch das Aufkommen der riesigen und extravaganten Wohltätigkeitsveranstaltungen im Vergleich zu früher sehr verändert. In weniger als zehn Jahren fand eine Vielzahl an Festivitäten statt, deren Größe und Getöse, deren gesellschaftliche Zusammensetzung zu Beginn der franzisko-josephinischen Ära nicht vorstellbar gewesen wäre. Es entstand ein Strudel der Superlative – immer größer, lauter, sensationeller –, der nicht nur von den älteren Mitgliedern der Aristokratie abgelehnt wurde.

Freilich machten nicht alle Aristokratinnen bei diesem Rennen um die glänzendste Veranstaltung zugunsten der Armen mit. So manche hohe Dame verweigerte sich dem Rummel, verurteilte ihn sogar – ohne deshalb auf die Armen zu vergessen. Prinzessin Marie Hohenlohe-Schillingsfürst etwa veranstaltete in ihrem

Augartenpalais keinerlei Charity-Events und besuchte auch kaum welche – sie gründete aber aus eigenen Mitteln eine Volksküche für die Bewohner des 2. Wiener Bezirks, in der täglich für Kinder, Alte und Kranke aus armen Familien gekocht und Essen ausgegeben wurde. Fürstin Ida Schwarzenberg war in Wien ebenfalls nie zu sehen, kümmerte sich aber um die Armen in ihrer Herrschaft in Süd-Böhmen.

Dass sogar während des Ersten Weltkriegs prächtige Wohltätigkeitsveranstaltungen stattfanden, schockierte manche. Marie Hohenlohe über einige ihrer Altersgenossinnen: „Es ist empörend, dass sich dort (in Wien, Anm.) neben der furchtbaren Tragödie, noch die frivole Komödie des Wohltätigkeitsrummels der Achtzigjährigen abspielen kann!“ [145]

Wie viel die Wohltätigkeitsveranstaltungen des Adels tatsächlich bewirkten, um Not und Leid zu lindern, lässt sich nicht anhand von Zahlen beantworten – es finden sich keine Abrechnungen. Eines ist freilich klar: An den fürchterlichen sozialen Zuständen der unteren Schichten der Habsburgermonarchie änderten die Wohltätigkeitsgalas nichts. Armut, Elend, Kinderarbeit, fehlender medizinischer Versorgung und einer Gesetzgebung, die öfter den ausbeuterischen Unternehmer als die ausgebeuteten Arbeiter schützte, konnte man mit unterhaltsamen Aktivitäten in glanzvollem Rahmen nicht entgegentreten – hier hätte es gewaltiger Strukturänderungen bedurft. Bei wie vielen Veranstalterinnen zudem weniger der karitative Gedanke, sondern Unterhaltung und Eitelkeit im Vordergrund des Interesses standen, lässt sich nicht sagen. Man wird wohl davon ausgehen dürfen, dass viele von ihnen nur einer gesellschaftlichen Modeerscheinung folgten.

Und doch gab es einige, die durch persönliches Engagement und Einsatz finanzieller Mittel so gewaltiges Kapital zusammentrommelten, dass sie wirklich Not lindern konnten. Pauline Metternich etwa war es zu verdanken, dass die Wiener Poliklinik gegründet wurde, in deren Ambulanzen auch mittellose Kranke betreut wurden, und die medizinische Grundlagenforschung finanziert werden konnte. Ebenso unterstützte sie tatkräftig die Gesellschaft zur Erforschung der Krebskrankheiten. Ihr Freund, Baron Nathaniel Rothschild öffnete die Familienbörse und ließ enorm viel Geld für die Armen fließen. Die Familie Rothschild – deren Wohltätigkeit auch mit dem im jüdischen Glauben verankerten Gebot der Zedaka, der

Mildtätigkeit gegenüber Bedürftigen, zusammenhängen mochte – baute beispielsweise auf eigene Kosten das Sanatorium am Rosenhügel. Hier konnten erstmals psychisch und geistig Erkrankte in einer menschenwürdigen Umgebung und bei bester medizinischer Betreuung versorgt werden. Mancher Aristokrat half auch nicht über den Umweg wohltätiger Veranstaltungen, sondern griff gleich selbst in die Tasche, um Elend zu mindern. Fürst Vincenz Auersperg etwa baute einen Flügel seines Schlosses Zleby zu einem Krankenhaus um, in dem die Armen der Umgebung kostenlos medizinisch betreut wurden – täglich an die hundert Personen.

Es ist fraglich, ob die Aristokratinnen der Donaumonarchie in ihrer behüteten und abgeschlossenen Welt wirklich wussten, wie elend Menschen in der Reichshauptstadt leben konnten; ob sie wussten, wie klein die Kinder waren, die in den Ziegelfabriken am Stadtrand Ziegel ausstachen und schleppten oder was es bedeutete, in gesundheitsschädigender Umgebung zehn bis vierzehn Stunden körperlich schwer zu arbeiten. Eines muss freilich betont werden, um zu einem ausgewogenen Urteil zu kommen: Ob die Aristokratinnen sich wirklich vorstellen konnten, wie sehr Menschen von ihren Arbeitgebern ausgebeutet werden konnten, ist ebenfalls fraglich. Denn kein adeliger Grundherr war in der Regel jemals so grausam zu seinen Untergebenen wie, seit dem Beginn der Industrialisierung, manche Unternehmer und Aktiengesellschaften zu ihren Angestellten. Zwar glaubte der Adel von Grund auf, dass die unterschiedliche soziale Stellung der Menschen etwas völlig Natürliches sei – doch wurde auch immer in der Überzeugung gelebt, dass man aufgrund seines Besitzes und seiner hohen Stellung auch eine hohe Verantwortung für seine Untergebenen habe. Die Menschen, die auf Herrschaften lebten und arbeiteten, hatten somit das moralische Anrecht auf Versorgung durch den Grundherrn. Der Gewinnmaximierung durch Ausbeutung der Mitmenschen stand ein Verantwortungsbewusstsein entgegen, das auf christlichen Werten basierte. Bei aller Ungerechtigkeit, die Reichtum und Macht mit sich brachten, galt der Bauer, der Angestellte, der Hausdiener, der Handwerker eines adeligen Betriebes doch immer als jemand, dem gegenüber man eine Verantwortung hatte.

„Tableaux vivants“

In den achtziger Jahren des 19. Jahrhunderts waren sogenannte „Tableaux vivants“ bei den Festen der Aristokratie groß in Mode. Diese „lebenden Bilder“ waren eine beliebte Form der künstlerischen Darbietung. Man stellte im wahrsten Sinn ein „Bild“ dar. Zu einem bestimmten Thema (wie etwa „Allegorie auf den Frühling“ oder „Biedermeier“) ließ man darauf abgestimmte, kostbare Kostüme anfertigen, schmückte sich prächtig und positionierte sich auf einer Bühne. Wenn der Vorhang aufging, verharrte man regungslos als „Bild“, während man von den Zusehern eifrig beklatscht und bewundert wurde. Bei den Damen waren diese Auftritte äußerst beliebt, boten sie doch die Möglichkeit, in kostbaren Fantasie Roben aufzutreten.

Fürstin Franziska „Fanny“ Montenuovo, Ehefrau des Ersten Obersthofmeisters Kaiser Franz Josephs, als „Minerva“ bei der „Götterdämmerung in Wien“, einer legendären Wohltätigkeitsvorstellung im Palais Schwarzenberg, 1886.

Fürstin Franziska „Fanny“ Montenuovo nun als „Herbst“, 1886.

Gräfin Fanny Czernin als „Frühling“, 1886.

Die bildhübsche Gräfin Elise Wilczek, geborene Prinzessin Kinsky, als „Blumenmädchen“ bei der „Götterdämmerung in Wien“, 1886.

Gräfin Bourgoing als „Diane“.

Komtess Paula Revertera als „Engel“, um 1888.

Komtess Clotylda Mensdorff mit Tanzpartner in einer Darstellung aus dem 18. Jahrhundert, um 1885.

Prinzessin „Mitzi“ Almeida Hohenlohe als „Libelle“, 1885.

Gräfin Franziska Waldstein, wohl als „Frühling“, um 1883.

Gräfin Berta Haugwitz als „Nacht“, 1885.

Gräfin Anna Haugwitz in einem historischen Kostüm, 1885.

Gräfin „Mirzl“ Harrach-Taxis als „Schwan“, 1888.

Ein Bild mit je zwei Männern und Frauen. Die Damen stellen, wegen der Seerosen an ihren Kostümen, wohl Wasserwesen dar, um 1885.

VII
Aristokratische Salonkultur

Der Salon: ein Tor zur Außenwelt – Männer gehen in den „Club“, Frauen bleiben daheim – Der aristokratische Salon – Die klassische Salonkultur – „Normatage“ und „Jours fixes“ – Ablauf eines wöchentlichen Jour fixe – Klatsch und Tratsch – „Mordstratschen“ – Der Salon: Gradmesser der gesellschaftlichen Stellung – Der Salon der Fürstin Eleonore Schwarzenberg – Der „Olymp“ der Fürstin Aline Dietrichstein – Der Vorteil von Pflichtbesuchen – „Kartenwerfen“ – Das Zurückschicken einer Visitenkarte kann ein Duell auslösen – Aristokratische Briefkultur

Der Salon einer Aristokratin war ihr individuelles Tor zur Außenwelt; wenn auch ein sehr kleines Tor. Denn durch ihre Lebensweise blieben Frauen fast immer im Kreis der weiteren Familie. Abgesehen von einigen Ballbesuchen und Wohltätigkeitsveranstaltungen fand das Leben der Damen vorwiegend in ihren Palais und Schlössern statt, umgeben von ihren Verwandten und Bediensteten. Es gab keinerlei Kontakte, außer zu den Mitgliedern der weiteren Verwandtschaft oder jenen Bekannten, die zum gesellschaftlichen Umfeld gehörten – ja, und selbst in diesem überschaubaren Kreis bewegten sich Frauen niemals ohne Begleitung. Mit Männern kam eine Aristokratin allein überhaupt nicht zusammen. Denn eine Dame der hohen Gesellschaft traf allein ausschließlich die männlichen Mitglieder ihrer engsten Familie.

Männer hingegen hatten einen wesentlich größeren gesellschaftlichen und sozialen Aktionsradius. Sie kamen in der Regel schon durch ihre Ausbildung aus dem engen Familienkreis hinaus. Denn sie durften nach erfolgreicher Absolvierung ihrer Ausbildung mehrmonatige Reisen durch Europa antreten, die so genannten „Kavalierstouren“, die sie zu weltgewandten Männern machen sollten; einige begüterte Familien ermöglichten ihren Söhnen sogar Weltreisen. Junge Damen kamen nicht weiter als in die Schlösser ihrer Großeltern, von der großen, weiten Welt sahen sie, zumindest als Unverheiratete, rein gar nichts. Und während die jungen Männer der Aristokratie ihren obligaten und standesgemäßen Dienst

Ein prunkvoller Salon der Familie Schwarzenberg auf Schloss Worlik, 1910.

beim Militär absolvierten, lernten sie ein Gemeinschaftsleben kennen, das bei aller Trennung der sozialen Schichten doch zumindest die Möglichkeit bot, andere kennenzulernen.

Auch mit der Ehe änderte sich für Frauen nicht viel. Sie besuchten zwar Bälle und Wohltätigkeitsveranstaltungen, fanden sich den Rest der Zeit aber wieder ausschließlich innerhalb ihrer eigenen vier (Schloss-)Wände. Besuche galten den Verwandten und besucht wurde man in der Regel auch nur von seinen (wenn auch entfernteren) Verwandten.

Männer kamen schon aufgrund ihrer wirtschaftlichen Tätigkeiten mit wesentlich mehr und vor allem auch verschiedenen Menschen zusammen. Vor allem aber waren sie nicht an die eigenen vier Wände gebunden, denn ein Mann durfte im Gegensatz zu einer Frau öffentliche Orte besuchen. Während der Aufenthalte in der Residenzstadt Wien ging der Aristokrat in den „Club“ – den Wiener Jockeyclub, gegründet von einigen hocharistokratischen Pferdeliebhabern, die den Reitsport nach englischem Vorbild in Österreich unterstützen wollten.

Ursprünglich nur als Treffpunkt für an Pferderennen Interessierte gedacht, wurde der Jockeyclub schließlich zu einem allge-

Salon der Fürstin Auersperg, 1890.

meinen Aristokratentreff. Man besuchte ein paarmal pro Woche die Clubräumlichkeiten, nahm dort den Tee oder härtere Getränke zu sich, unterhielt sich mit seinen aristokratischen Freunden und besprach die neusten Entwicklungen in Politik und Reitsport. Auch so mancher nicht- oder halbadelige Besucher wurde zugelassen, vorausgesetzt, er hatte eine exzellente Pferdezucht wie die Brüder Baltazzi oder galt als interessanter Gesprächspartner. Auch durch ihre wirtschaftlichen Aktivitäten kamen Aristokaten mit Menschen außerhalb ihres Standes zusammen, denn sie saßen in den Aufsichtsräten und Ehrengremien einiger Bank- oder Bahngesellschaften.

Für Aristokratinnen bot einzig ihr Salon die Möglichkeit, außerhalb ihrer Familie mit Menschen zusammenzukommen. Sie konnten nur daheim empfangen, Treffpunkte außerhalb ihres Wohnbereichs waren für Damen ohne die Begleitung ihrer Ehemänner absolut tabu. Ein Salon hatte mehrere Vorteile: Bekannte und Freunde der Familie hatten die Möglichkeit, mit der Dame des Hauses ungezwungener und auch allein zusammenzukommen – auch ohne offizielle Einladung. Denn ein Salonbesuch war wesentlich intimer, vertrauter als eine offizielle Diner-Einladung in großer Gesellschaft. Die Hausherrin wiederum konnte Kontakte und Freundschaften intensivieren und pflegen, ohne allzu sehr in ihre offiziellen Pflichten als Dame des Hauses eingespannt zu sein, wie etwa bei einer großen Einladung, die oft nicht wirklich Zeit ließ, um sich näher mit Gästen zu beschäftigen.

Die Bezeichnung „Salon" war sowohl die Beschreibung für jenen Teil des Hauses, in dem empfangen wurde, als auch Bezeichnung für die ganz besondere Art und Weise der sozialen Zusammenkunft. Der Salon einer Dame war entweder einer der repräsentativen Empfangsräume oder aber einer ihrer privaten Räume innerhalb des Familienpalais, der groß genug war, um eine größere Menge Besucher zu empfangen, ohne allzu intim zu sein (wie etwas das Boudoir). War der Salon einer der persönlichen Räume der Dame, so trug er meist ihre persönliche Note, war nach ihrem Geschmack eingerichtet, von eigener Hand mit Familienbildern, Nippes und Privatfotos, Pflanzen und Blumen geschmückt; und Bücher oder Zeitungen, die im Salon auflagen, zeigten, wofür sich die Dame des Hauses interessierte und was sie gerade las. Ein Salon sagte also auch etwas über die Persönlichkeit der Besitzerin aus, war Teil ihrer privaten Sphäre und ihr persönlichster Rückzugsraum.

Die klassische Salonkultur, die Tradition der regelmäßigen Zusammenkunft in den Räumlichkeiten und unter der Leitung der Dame des Hauses, konnte nur während der Aufenthalte in der Residenzstadt zelebriert werden, also während der gesellschaftlichen Saison. Denn während der sommerlichen und herbstlichen Landaufenthalte der Aristokratie waren die räumlichen Distanzen zwischen den aristokratischen Familien und Freunden zu groß, um ein regelmäßiges, wöchentliches Zusammentreffen zu ermöglichen – dann wechselte die Salon- mit der Besuchstradition.

Aber während des Wien-Sejours öffneten die Aristokratinnen ihre Salontüren und empfingen ihre Freunde und Bekannten: an einem oder mehreren fixen Nachmittagen der Woche, genannt die „Normatage" oder auch „Jours fixes". Während einer bestimmten Zeit, die den Freunden des Hauses bekannt war, konnten an den Normatagen Freunde und Bekannte des Hauses unangemeldet vorbeikommen. Manche Damen hatten ihre Jours fixes etwa dienstags von 14 bis 19 Uhr, andere mittwochs und freitags von 15 bis 20 Uhr, und wieder andere waren nur im Zwei-Wochen-

Prinzessin Rohan-Degenfeld in einer klassischen Visiterobe, passend für Besuche, um 1875.

Rhythmus aufzusuchen. Der Unterschied zwischen Besuchen der offenen Salontage und Privatbesuchen bei der Dame des Hauses lag in der fixen Verabredung: Zu Salontagen kam man ohne vorherige Bekanntgabe – hatte man Zeit und Lust, ging man hin. Verabredete man sich aber zum „Tee", gab es einen vereinbarten Nachmittag und eine vereinbarte Zeit, zu der man sich einfand. Diese Besuche waren verbindlich, man wurde erwartet, hatte zu seiner Verabredung auch zu erscheinen und war in der Regel mit der Dame des Hauses allein (oder zumindest in einem kleineren Kreis, der vorher bekannt gegeben wurde).[146] Für die Besuchstage mussten in den Salons Vorbereitungen getroffen werden. Zu den permanenten Sitzgelegenheiten wurden von den Hausdienern zusätzliche Sessel, Diwans und Bänke in den – oft riesigen – Salon gebracht. Kleine Beistelltischchen in verschiedenen Größen, so genannte „Jour-Tische" (eine noch heute übliche

Ein Salon auf Schloss Goldegg, 1890.

Bezeichnung, die eben von der alten Jour-fixe-Tradition herrührt) wurden bereitgestellt, auf denen man Tassen und Teller absetzen konnte. Auf einer Anrichte wurden Tee, Kaffee sowie Teegebäck für die Besucher platziert, für die Herren Sherry. Alkoholische Getränke waren für Frauen tabu. Zu trinken gab es für verheiratete Damen oder für Damen in höchst fortgeschrittenem Alter einzig winzige Gläschen mit Anisette und Kümmelschnaps, die, wie ein Zeitgenosse bemerkte „höchstens eine Biene hätten befriedigen können."[147]

Da die Dame des Hauses nie wusste, wie viele Gäste exakt sie haben würde, wurden – stets vorher – Sitzgelegenheiten, Tische und Teegeschirr in größerer Zahl bereitgestellt. Nichts sollte während des Jour fixe den Ablauf der Gespräche stören. Vor Beginn ihrer Besuchszeit begab sich die Dame in den Salon, meist mit einer Handarbeit, die sie oft auch während der Gespräche nicht ablegte, und wartete ab, welche Gäste und welchen Tratsch ihr der Nachmittag bringen würde. Nachdem die ersten Freunde eingetroffen waren, kamen Konversationen schnell in Gang – und da sich die Besucher kannten und alle Freunde des Hauses waren, war die Stimmung in der Regel entspannt und heiter. Da in den Korrespondenzen über die Besuche in den Salons oft ausführlich

Ein Damensalon auf Schloss Goldegg, 1890.

berichtet wurde, lässt sich ziemlich genau wiedergeben, worum es bei diesen Gesprächen meist ging: um Klatsch und Tratsch.

Beklatscht wurde alles und jeder. Nachdem die wichtigsten Themen, nämlich allfällige Heiratsprojekte, erzählt, beurteilt und kommentiert worden waren, widmete man sich sogleich weiteren Themen, die ebenfalls kommentiert werden mussten: die Oper, das Burgtheater, die Festlichkeiten bei Hof und der Klatsch über die Standesgenossen – vornehmlich jene, die gerade nicht anwesend waren. Natürlich mussten auch Neuigkeiten ausgetauscht werden, und jede Neuigkeit wurde wiederum zur Quelle eines neuen Flusses an Tratsch. In den Korrespondenzen hieß es stets: „Ein Tratsch circuliert, dass ...“ [148] Neugierig und an Tratsch interessiert waren alle Damen, manche tratschten allerdings so viel, dass sie selbst von Tratschliebhabern liebevoll-bissig als „Mordstratschen“ [149] bezeichnet wurden.

Eines zeichnete die Salontage der Damen gegenüber den Zusammenkünften ihrer Männer freilich aus: Sie waren in ihrer Zusammensetzung wesentlich exklusiver als die Treffen der Aristokraten und wurden dadurch zum Gradmesser der gesellschaftlichen Stellung der Besucher. Die aristokratischen Salons waren nur für Mitglieder der Aristokratie geöffnet – die Frauen wurden

Ein weiterer Damensalon auf Schloss Goldegg, im Spiegel sieht man die Dame des Hauses, 1890.

damit zu den strengen Hüterinnen der Exklusivität der Familien. Mochten die Männer in der Öffentlichkeit auch mit Aufsteigern und Bürgerlichen zusammenkommen – das Heim als solches blieb von der Außenwelt unangetastet, hier galt nur das Geburtsrecht. Wer als Besucher zugelassen wurde, war in aristokratischen Kreisen anerkannt – was freilich kaum jemand schaffte, der kein geborener Adeliger war.

Der elitärste Salon des 19. Jahrhunderts war der Salon der bereits erwähnten Fürstin Eleonore Schwarzenberg, der energischen „Fürstin Lori". Sie war die einflussreichste, in gesellschaftlichen Dingen geradezu mächtigste Frau der Wiener Gesellschaft. Durch ihre eigene hohe Abstammung (sie war eine Tochter des regierenden Fürsten Liechtenstein), durch ihre Ehe mit dem Fürsten Schwarzenberg, dem halb Böhmen gehörte (weshalb man seine Ländereien auch als „Königreich Schwarzenberg" bezeichnete) und durch den Reichtum ihrer Familie nahm sie den ersten Platz in ihrer Gesellschaft ein – anerkannt vom Rest der Damen, aber auch respektiert von den Herren.

Zu ihren Jours fixes strömten alle, drängten alle, von den höchsten Aristokraten bis zu den Damen der Ringstraßenbarone, die aller

Ablehnung zum Trotz immer wieder versuchten, bei der Fürstin vorstellig zu werden. Berühmt war auch der alte Portier der Fürstin in ihrem Wiener Palais, der in seiner Portiersloge eine seitenlange Liste all jener Namen hatte, die die Fürstin als würdig empfand, von ihnen besucht zu werden. Wer auf dieser Liste nicht stand, erhielt keinen Eintritt. Und wer nicht so eng mit der Fürstin war und so oft kam, dass der Portier die oder den Betreffende/n bereits kannte, oder aber wer nicht zu den höchsten und bekanntesten Familien der Aristokratie gehörte, musste wohl oder übel ein Ritual über sich ergehen lassen, das in Wien berüchtigt war.

Nachdem der unbekannte Besucher seinen Namen genannt hatte, verschwand der Portier in seiner Loge, um erst nach fünfzehn Minuten wiederzukommen; denn so lange brauchte er, um die unzähligen Namen auf der Liste zu lesen – die Namen jener Menschen, die zumindest adelig genug waren, um Zutritt in das Palais der Königin aller Aristokratinnen zu erlangen. Gehörte man zu den Bedauernswerten, die nicht auf der Liste standen, wiederholte sich dasselbe Ritual aufs Neue. Der Portier ließ den Besucher, der immer noch in seiner Kutsche saß mit steinerner Miene wissen, dass er sehr bedaure, aber die Fürstin sei leider nicht zu Hause. Freilich wusste der somit Abgewiesene, dass die Hausherrin sehr wohl anwesend war, denn die offiziellen Besuchszeiten der ersten Dame der Gesellschaft waren bekannt. Außerdem wurden während der oder die Abgewiesene auf das Wiedererscheinen des Portiers wartete, meist andere Wägen durchgewunken.

Freilich folgte die Fürstin keiner einheitlichen Linie, wen sie vorließ. Sie war mächtig und einflussreich genug, um sich eine gewisse Willkür und eine persönliche Vorliebe erlauben zu können. Sie ließ zwar die Gattinnen der Ringstraßenbarone links liegen, war aber eine der mächtigsten gesellschaftlichen Förderinnen der Familie Rothschild (was nicht zuletzt darin begründet sein mag, dass ihre Familie gemeinsam mit den Rothschilds die Creditanstalt gegründet hatte). Fürstin Lori öffnete den Rothschilds ihre Salontüren und half ihnen dadurch, sich in der Adelsgesellschaft zu etablieren. Wer nun der Fürstin seine Aufwartung machte (und das wollten viele, schon um die Gunst der einflussreichen Familien Schwarzenberg und Liechtenstein nicht zu verlieren), kam so unweigerlich auch mit den Rothschilds zusammen und musste, trotz aller Vorurteile, mit ihnen auf Augenhöhe konversieren.

Und doch waren auch der einflussreichen Fürstin Grenzen gesetzt. Sie brachte zwar ihre aristokratischen Freunde dazu, die Familie Rothschild bei ihren Empfangstagen und ihren Bällen als ihre Gäste zu akzeptieren, schaffte es aber nicht, dass die Familie Rothschild in allen Belangen gleich behandelt wurde. Zeigte man dem Baron Rothschild noch seine Gunst, indem man ihn ins Gespräch zog (man konnte ja nie wissen, ob man einmal auf ein Geschäft mit ihm angewiesen war), so ließ man Frau und Töchter anfangs noch gänzlich links liegen, keine wurde von den Herren zum Tanz aufgefordert. Ob es wirklich nur daran lag, dass sich keiner der Herren dem Vorwurf der Mitgiftjägerei aussetzen wollte, wie in der Aristokratie kolportiert wurde, bleibt fraglich.[150]

Fürstin Loris Salontür war der inoffizielle Anzeiger dafür, wer es in die Hofgesellschaft geschafft hatte, wenn der Geburtsadel fehlte. Wer von ihr geladen wurde, hatte den inoffiziellen Ritterschlag in die Hofgesellschaft erhalten. Sie hatte auch keine Berührungsängste mit der Tänzerin Friedberg, die durch ihre Heirat zur Gräfin Westphalen aufgestiegen war,[151] sie protegierte vielversprechende junge Künstler, indem sie sie zu manchen ihrer Nachmittage zuzog, um sie einem größeren Kreis an möglichen Auftraggebern vorzustellen. Die Fürstin Schwarzenberg war die unangefochtene Anführerin ihrer Gesellschaft. Ihr Wort, ihre Meinung galt unter ihren Standesgenossinnen als Gesetz, niemand wagte es, sich ihren Anordnungen zu widersetzen, wem sie die Salontüren öffnete, der hatte es in die Hofgesellschaft geschafft. Und doch konnte die einflussreiche Fürstin nur innerhalb ihres Standes agieren. Wohl konnte sie durch Vorbildwirkung erreichen, dass einige Mitglieder des niedrigen Adels auch von der Aristokratie eingeladen wurden – doch wem das Geburtsrecht fehlte, der wurde auch weiterhin nur geduldet, niemals aber ebenbürtig behandelt.

Ebenfalls höchst begehrt war der Zutritt zum Salon der Fürstin Alexandrine („Aline") Dietrichstein, den man auch den „Olymp" nannte, weil er neben jenem der Fürstin Schwarzenberg die exklusivsten Besucher hatte. Fürstin Aline war die älteste Tochter des letzten, enorm reichen Fürsten Dietrichstein, dessen Linie nun ausstarb. Durch ein Sonderdekret des Kaisers durfte Aline Dietrichstein ihren Titel auch nach ihrer Heirat mit dem Grafen Mensdorff-Pouilly beibehalten und ihren Ehenamen hintanstellen, damit das

Gräfin Sophie Kinsky mit Freundin. Standesgenossen zu besuchen war Vergnügen und Pflicht gleichzeitig, um 1863.

Geschlecht der Dietrichstein nicht ausstarb. Ein künftiger Sohn, der Erstgeborene, sollte dann der spätere nächste Fürst Dietrichstein werden. Aline Dietrichsteins Salon war nicht nur wegen seiner einflussreichen Besitzerin berühmt, sondern auch wegen der Möglichkeit, dort Mitglieder des englischen Königshauses zu treffen. Denn durch ihre Heirat mit Alexander-Mensdorff-Pouilly, einem Verwandten von Queen Victoria, war die Fürstin mit dem englischen Königshaus verwandt. Wer immer von der zahlreichen englischen Königsfamilie nach Wien kam, stattete der Fürstin seinen Besuch ab. Dass einer ihrer Söhne später österreichischer Botschafter beim britischen Hof wurde, verwundert angesichts dieses Netzwerks nicht mehr.

Es gab unzählige aristokratische Salons in Wien, jeder spiegelte die individuellen Interessen seiner Besitzerin wider. Denn die Damen umgaben sich natürlich am liebsten mit Menschen, die ihre Interessen teilten, und der jeweilige Besucherkreis einer Aristokratin verriet auch etwas über die Vorlieben der Salonherrin. War man etwa ein Pferdenarr, besuchte man den Salon der Fürstin Marie Kinsky in ihrem Palais auf der Freyung. Die Familien Kinsky gehörten zu den bedeutendsten Pferdezüchtern und Reitstallbesitzern der österreichischen Aristokratie, und der Leidenschaft für Pferde waren auch die weiblichen Familienmitglieder verfallen, die wahre Amazonen waren und selbst die schwierigsten Jagden bestritten. Oder aber man besuchte Gräfin Henriette Larisch-Moennich in der Johannesgasse – denn die Familie Larisch besaß sogar in England Reitställe und verbrachte Teile des Jahres in England, um im Hot-Spot des Reitsports an den Jagden der englischen Gesellschaft teilzunehmen.

Interessierte man sich für Literatur und Kunst, das Burgtheater und die Oper, besuchte man Prinzessin Marie Hohenlohe-Schillingsfürst in ihrem eifrig frequentierten Salon im Wiener Augartenpalais. Schließlich war der Mann der Prinzessin Obersthofmeister bei Kaiser Franz Joseph, und die Nähe der Familie zum Kaiserpaar war bekannt. Marie Hohenlohe-Schillingsfürst wurde aber nicht nur von jenen besucht, die sich mit dem einflussreichsten Mann am Wiener Hof gut stellen wollten, sie war auch Magnet für jene, die sich wirklich für Kunst interessierten. Denn die Prinzessin war eine der engagiertesten Förderinnen junger Künstler. Sie protegierte junge Schriftsteller, war auch mit den führenden Architekten der Ringstraße persönlich befreundet und legte bei diesen stets ein Wort für den hoffnungsvollen Nachwuchs ein.

Pauline Metternichs Salon wiederum wurde gerne besucht wegen der scharfzüngigen, aber stets amüsanten Fürstin. Frank und frei wie sie sprach, war die Gesellschaft über ihre offene Art zu tratschen und ihre nicht selten vehement vorgetragenen Meinungen zwar oft entsetzt, trotzdem – oder gerade deshalb – galten Besuche bei ihr immer als äußerst unterhaltsam. Fürstin Pauline war laut, herzlich und unduldsam, sie polarisierte und war stets eine Nuance zu übertrieben. Wen sie ins Herz schloss, den verteidigte sie immer und überall, oftmals zu laut und penetrant für jene, für die sie sich einsetzte. Wen sie ablehnte, über den ergoss sich in ihren Salons ein Schwall an Verurteilungen. „Sie ist weder wünschenswerth als Gegnerin noch als Parthei-Genossin!“,[152] sagte Rudolf Liechtenstein einmal über sie.

Wie sich ein „Haus“ präsentierte, hing ab von der individuellen Persönlichkeit der Aristokratin: von ihren Interessen, ihrem Engagement, aber auch ihrem Talent im sozialen und repräsentativen Bereich. Offene, an Menschen interessierte Frauen versuchten eher, ihr Haus in der Gesellschaft besonders herauszustreichen als introvertierte, die lediglich ein Pflichtprogramm an Mindestbesuchstagen abspulten. Kunst und Kultur zugeneigten Frauen gelang es stärker, ihre Salons zu einem Treffpunkt von Mäzenen und Künstlern zu machen. Vom Wesen der Hausherrin hing es ab, ob die Festivitäten und Gesellschaftstage der Familie gerne besucht wurden. Wie viel gesellschaftliches Engagement eine Aristokratin ansonsten an den Tag legte, hing ganz ab von ihrem Naturell, ihrer Geselligkeit und ihrem individuellen Bedürfnis nach Gesellschaft. Die „Normatage“ galten für alle – denn ein Mindestmaß an offenen Tagen mussten alle Aristokratinnen anbieten; alles was darüber hinausging, geschah aus eigenem Interesse. Eine geistreiche Frau mit Esprit und Takt, die die Fähigkeit hatte, eine interessante Mischung an Besuchern zusammenzustellen und Langeweile erst gar nicht aufkommen ließ, konnte viel zum Ansehen des eigenen Hauses in der Gesellschaft beitragen.

Man besuchte aber nicht nur seine liebsten Freunde und jene Salons, in denen es besonders amüsant zuging oder wo man sich einflussreiche Kontakte sichern wollte. Man ging auch zu weniger anregenden Jours fixes, wo es sich aber „gehörte“, seinen Respekt zu erweisen. Teil der sozialen Ansprüche innerhalb der Aristokratie war, dass man trotz aller individuellen Sympathien wenig Unterschiede in der Ausübung der gesellschaftlichen Pflichten machte. Wer zu besuchen war, stand fest: Nicht nur die persönlichen Freundinnen und Freunde, sondern auch jene, die in näherem Kontakt zur eigenen Familie standen oder der Familie besondere Dienste erwiesen hatten. Natürlich mussten auch alle besucht werden, mit denen man über mehrere Ecken verschwägert war. Ebenso konnte man sich seine Gäste nicht immer aussuchen. Von manchen wurde man besucht, ohne dass man darauf erpicht war.

Das bedeutete, dass nicht alle Salonbesuche unterhaltsam und nicht jedes Gespräch anregend waren. Im Gegenteil, interessante Plaudereien und erfrischende Konversationen waren auch in höchsten Kreisen nicht selbstverständlich. So mancher Besucher langweilte die Dame des Hauses zu Tode. Anmerken ließ man sich

Ungezwungenes Miteinander während der Sommermonate. Man besuchte einander auch auf den Landschlössern. Gräfin Pallavicini (2.v.l.) mit ihren Bekannten, um 1910.

natürlich nichts – erst die Korrespondenz erlaubte, die wirklichen Interessen der Damen zu erkennen.[153] Aber auch so mancher Besucher, männlich wie weiblich, stöhnte unter der Last ewig zu absolvierender Besuche, die manchmal extrem langweilig waren, die man aber nicht einstellen konnte, ohne Spannungen auszulösen. Prinz Rudolf Liechtenstein, seiner Korrespondenz nach häufig zu Gast in den Salons seiner zahlreichen Bekannten und Verwandten, nach einer anstrengenden Woche: „Meine Besuche bringen mich mit entsetzlichen Leuten zusammen."[154]

Bei aller Anstrengung und Langeweile, bei aller Eintönigkeit, hatte die aristokratische Besuchskultur mit all ihren fest vorgeschriebenen Regeln und ihrem zum Teil extrem umständlichen Verhaltenskodex doch auch erhebliche Vorteile für die Protagonisten: Sie hielt die Gesellschaft zusammen. Es gab kaum Möglichkeiten, dass Beziehungen abrissen. Wenn es als unschicklich und unhöflich galt, seine Bekannten und Verwandten nicht zu besuchen, auch wenn man sie noch so langweilig fand, auch wenn das persönliche Verhalten von der Erwartung der Gesellschaft eher gesteuert wurde als von momentanen Befindlichkeiten – so gab es

Auch im Sommer wollte man auf den geliebten „Tratsch“ nicht verzichten, um 1910.

doch einen positiven Begleiteffekt: Es war kaum möglich, aus diesem engen Netz von Sozialkontakten zu fallen.

Gerade für Frauen fortgeschrittenen Alters, die weder einflussreich noch sonderlich amüsant waren, vor allem für Witwen, bot der Salon einen entscheidenden Ausgleich zu ihrer sonstigen Zurückgezogenheit. Eine Dame der Aristokratie, die einen Jour fixe einrichtete, konnte mit Sicherheit davon ausgehen, dass sie auch besucht wurde. Niemand konnte langweilig genug sein, um von seinen Bekannten und Freunden der Familie nicht besucht zu werden. Der Anstand verbot es, vertraute Menschen, die man von klein auf kannte, zu brüskieren, indem man ihnen an ihren Salontagen die Aufwartung verwehrte. Für ältere, unverheiratete und einsame Aristokratinnen hatten die Salons fast schon einen therapeutischen Zweck. Sie kamen mit anderen zusammen, wurden besucht, hatten dadurch ihrerseits wieder viele Bekannte zu besuchen und verschwanden nicht hinter einer Wand von Desinteresse. Unabhängig von Alter und Einfluss blieb man Teil der aristokratischen Besuchskultur, behielt man sein Netz aus Kontakten und rutschte daher weniger in die Einsamkeit ab als Alleinstehende anderer Schichten.

Eng verbunden mit dieser Salonkultur war die aristokratische Tradition des „Kartenwerfens". Das „Kartenwerfen"[155] war ein fixes, allgemein gültiges und unumstößliches Ritual der aristokratischen Besuchskultur und lief stets nach dem gleichen Schema ab. Karten werfen, das hieß: seine Visitenkarte im Palais der Bekannten und Freunde abzugeben, um anzuzeigen, dass man sich in der Stadt befand und im Begriff war, in nächster Zeit seine Aufwartung zu machen. Denn kehrte eine Familie vom Land in die Residenzstadt zurück, musste sie gleich ihren gesellschaftlichen Pflichten nachkommen und die obligatorischen Besuche erledigen. Man besuchte aber nicht einfach frei heraus seine Freunde und Bekannten, sondern ließ sie zuerst wissen, dass man überhaupt in der Stadt war.

Man fuhr also, bepackt mit einem Stoß Visitenkarten, auf denen nicht mehr stand als der eigene Name, zu den Palais und gab sie dort beim Portier ab – schaute aber auf keinen Fall auf einen Sprung hinein. Der Dame des Hauses wurden vom Portier am Abend alle eingelangten Visitenkarten gebracht und sie wusste nun, welche Damen (oder auch Herren) in der Stadt waren und ihr in den nächsten Tagen an ihrem Jour fixe die Aufwartung machen würden. Das gleiche tat man natürlich bei den Angekommenen. Man überbrachte seine eigene Karte (oder schickte deshalb einen Diener) und ließ damit wissen, dass man wisse, dass der Betreffende in der Stadt war und nun seinerseits mit einem Besuch (natürlich an seinen offenen Salontagen) rechnen konnte.

Auch wenn man während seiner Reisen Orte besuchte, von denen man wusste, dass Bekannte – offiziell – dort waren, überreichte man seine Karte um Respekt zu erweisen, vor allem gegenüber Höherrangigen. Die Sitte des „Kartenwerfens" durfte auf keinen Fall unvorsichtig gehandhabt werden, da jedes Ausbleiben der Karten oder ein unachtsamer Umgang mit der Besuchskultur einen Affront heraufbeschwören konnte. Schickte man etwa eine Karte zurück, kam dies einem gesellschaftlichen Todesurteil gleich, weil man damit eine Person zur Persona non grata erklärte, die man sich weigerte, zu empfangen. Unachtsam durfte man auf keinen Fall sein, da jeder – auch unabsichtliche – Affront ernste Folgen haben konnte. Derartige Fälle sprachen sich blitzschnell herum.

Prinz Liechtenstein schrieb etwa über einen solchen Fall, der die österreichische Aristokratie in Aufregung versetzte: Zwei ungarische Adelige befanden sich in Cap Martin, wo sich zur gleichen

Zeit die Witwe des Kronprinzen Rudolf, nunmehr verheiratete Gräfin Lonyay mit ihrem Ehemann aufhielt. Um den Beiden den nötigen Respekt zu erweisen und um empfangen zu werden, hinterließen die beiden Ungarn ihre Visitenkarten. Was nun folgte, ist ein Lehrbeispiel für die Gefährlichkeit, ritualisierte Abläufe einer Gesellschaft – wenn auch unabsichtlich und ohne bösen Hintergedanken – zu verletzen. Aus irgendeinem Grund, der nicht geklärt werden konnte, wurden den beiden ungarischen Aristokraten ihre eigenen Visitenkarten zurückgeschickt. Die Empörung war groß, der Affront musste nach Ansichten der beiden Aristokraten, deren Ruf nun angepatzt war, gesühnt werden: Sie schickten Graf Lonyay ihre Zeugen – die Aufforderung zum Duell.

Es folgte ein Regen an Entschuldigungsbriefen und ein Nervenzusammenbruch des Grafen, der sich krank ins Bett legte – ob ihm die Aufforderung zum Duell wirklich die Nerven zerrüttet hatte oder er dies als einzige Möglichkeit sah, einem Duell zu entgehen, blieb ungeklärt. Man einigte sich schließlich darauf, wie Liechtenstein sarkastisch schrieb, dem Portier die ganze Schuld in die Schuhe zu schieben. Die Standesgenossen waren völlig auf Seiten der beiden Duellforderer, denn solch eine Ungeschicklichkeit durfte einfach nicht passieren – ganz abgesehen davon, dass man dem Grafen Lonyay nicht glaubte, dass der Portier schuld an dieser peinlichen Situation war.[156]

Auch für die Zeiten, die man nicht in der Residenzstadt Wien verbrachte, galt es, in gesellschaftlichem Kontakt zu bleiben. Besuche waren freilich ein Problem, wenn man im Familienschloss in den Weiten des böhmischen Hügellandes saß und die Freunde und Bekannten auf ihren Schlössern in Mähren, Schlesien oder Ungarn. Hier half nun allerdings eine weitere, zutiefst aristokratische soziale Verpflichtung und Freizeitbeschäftigung – die Briefkultur.

Wen man nicht sehen konnte, dem schrieb man Briefe. Die erhaltenen Korrespondenzen mancher Damen zählen tausende Briefe, die davon zeugen, wie ernst man es nahm, in Kontakt zu bleiben und wie wenig mehrmonatige Trennungen an der inneren Nähe ändern konnten. Man berichtete seinen Angehörigen und Freunden seitenweise über die Vorkommnisse des eigenen Lebens und erhielt ebenso viele Seiten wieder zurück. Bestimmte Vormittage der Woche galten der Korrespondenz. Man sah seine Lieben oft monatelang nicht, und um das Gefühl zu erhalten, dass man beständig teilnahm an ihrem Leben, wurde eifrig geschrieben. Der Inhalt dieser Briefquellen ist für uns heute von sehr variabler historischer Bedeutung. Manche Aristokratinnen beschrieben stets das Gleiche: ihren Tagesablauf, ihre Befindlichkeit, und geben dadurch wenig wieder. Andere Frauen waren aufmerksame Beobachterinnen ihrer Umwelt, berichteten von Skandalen, von Eindrücken und Erwartungen, beschrieben Stimmungen und die Ansichten ihrer Mitmenschen. Ihre Briefe lassen beim Durchlesen heute noch die damalige Gesellschaft wiederauferstehen.

VIII
Der Jahresablauf der Aristokratie

Die „Sejours" – Zur historischen Mobilität des Adels – Ein strenger Jahresablauf – Das Jahr beginnt mit der Neujahrscour bei Hof – Die Winter in der Residenzstadt – Hofbälle, Privatbälle, private Theateraufführungen und „adelige Picknicks" – Tanz bis zum Ende der Faschingszeit – Das Frühjahr mit Pferderennen und Blumencorso – Die Derbywoche als Abschluss des Wien-Sejours – Sommer auf den Landschlössern – Die Übersiedlung eines aristokratischen Haushalts – Der Herbstsejour: große Familientreffen, Jagden und festliche Diners – Heiratspläne für die kommende Saison – Das „Auseinandergehen" – Fernreisen – Winter im Stammschloss oder in Wien – Weihnachten im Kreis der Hausgemeinschaft

Eines der wesentlichsten Merkmale aristokratischer Lebensweise war die Tradition der jährlich stattfindenden „Sejours". Als Sejour bezeichnete man den zeitlich begrenzten Aufenthalt an einem bestimmten Ort, wie zum Beispiel die traditionelle Sommerfrische, deren Brauch sich auch in den bürgerlichen Schichten etabliert hatte. Was die Aristokratien in ihrer Lebensführung von allen anderen Schichten unterschied, war ihre Mobilität. Die Aristokratie kannte nicht nur einen Sejour pro Jahr, sondern mehrere – ein Zeichen exklusiven Reichtums. Denn mehrmals jährlich den Wohnsitz zu wechseln, das setzte voraus, dass man mehrere Wohnobjekte besaß oder zumindest mieten konnte.

Diese bis zum Ende der Monarchie beibehaltene Mobilität des Adels ist ein Relikt seiner Herkunft aus dem frühen Mittelalter. Damals lebten die Adeligen nicht fix auf ihrer Stammburg, sondern zogen ihrem König nach. Und der König war selbst höchst mobil: Herrscher zogen, mitsamt ihrem Hof, von Provinz zu Provinz, blieben eine gewisse Zeit in einer Residenz und zogen weiter zu ihrem nächsten Aufenthalt – die Sesshaftigkeit der Könige begann erst zu Beginn der Neuzeit. In einer Zeit, in der die Reichsgrenzen unsicher waren, stets Aufstände drohten und der einfache Untertan und Bauer oft nicht einmal wusste, wer denn nun gerade

Herrscher war, war es enorm wichtig, dass der König sich zeigte und auch an möglichst vielen Orten gesehen wurde. Er signalisierte damit seinen Feinden, dass er jeden Winkel seines Reiches im Blick hatte und beschützen konnte – und seinem Volk, dass er tatsächlich existierte und das Land regierte. Der Adel, als traditionell engste Umgebung des Herrschers, begleitete ihn, war Teil seines Hofstaats und deshalb ebenso wenig sesshaft.

Die Tradition des Adels, während eines Jahres, jeweils für eine begrenzte Zeit an mehreren Orten zu leben, hielt sich – unter geänderten Vorzeichen – bis ins Zeitalter Kaiser Franz Josephs: Aus der früheren Notwendigkeit mit dem Herrscher zu reisen, wurde mit der Zeit eine elitäre Lebensweise, die die Aristokratie vom Rest der Bevölkerung abhob und finanzielle Stärke demonstrierte.

Der Jahresablauf aristokratischen Lebens war exakt eingeteilt, wurde streng eingehalten und wiederholte sich von Jahr zu Jahr aufs Neue. Das neue Jahr begann man in der Residenzstadt Wien.

Kurz vor dem Jahreswechsel übersiedelte man von seinen Landschlössern in die Wiener Palais. In der Residenzstadt gab es zu Neujahr einen der wichtigsten gesellschaftlichen Pflichtauftritte für Aristokraten – die Neujahrscour des Wiener Hofes. Die Aristokratie musste dem Kaiser zu Beginn des neuen Jahres ihre Aufwartung machen und zum traditionellen Neujahrsempfang in der Hofburg erscheinen. Der Kaiser selbst nahm die Neujahrsglückwünsche persönlich nur von den in Wien akkreditierten Botschaftern, Mitgliedern fremder Herrscherhäuser und seinen Obersten Hofchargen entgegen. Alle anderen Mitglieder der Hofgesellschaft machten ihre Aufwartung vor dem Ersten Obersthofmeister, der in Vertretung des Kaisers die Glückwünsche entgegennahm. Das Kalenderjahr begann für die Aristokratie also mit einer Ehrerbietung vor dem Monarchen – eine sozial höchst aussagekräftige Tradition.

Nach der Neujahrscour bei Hof begann die geschäftigste Zeit: die nun beginnende Ballsaison. Sie dauerte bis zum Ende des Faschings und war die gesellschaftlich wichtigste Zeit des gesamten Jahres. Neben den beiden Hofbällen, die besucht werden mussten, gab es auch wöchentliche Bälle in den verschiedenen Wiener Palais. Jede der großen aristokratischen Familien gab mindestens einen Ball pro Saison, was bedeutete, dass die Hofgesellschaft oft bis zu drei Bälle pro Woche besuchte. Da während des

Gräfin „Rudi" Mirbach im Faschingskostüm, um 1885.

Faschings fast die gesamte Aristokratie in der Reichshauptstadt anwesend war, galt es zudem, seinen gesellschaftlichen Pflichten nachzukommen und allen Familien seine Aufwartung zu machen. Es setzte nun vor allem für die Damen ein Besuchsmarathon ein, Freunde und Bekannte wurden an ihren Jours fixes besucht, selbst musste man seinen Salon öffnen, Wohltätigkeitsveranstaltungen mussten organisiert, abgehalten und besucht werden, gleichzeitig ging man fleißig in die Oper, ins Burgtheater und besuchte die Soireen der Standesgenossen. Ebenfalls beliebt in der Winterzeit war das Eislaufen; der berühmte Wiener Eislaufplatz am Heumarkt war schon unter Kaiser Franz Joseph ein Treffpunkt vieler Komtessen und jüngerer Aristokraten.

Besonders beliebt waren während der Winter-Sejours auch private Theateraufführungen. Viele Familien hatten in ihren Palais (aber auch in ihren Schlössern) kleine Theaterbühnen, die eifrig genutzt wurden. Man goutierte Laiendarstellungen leichter und

Komtess Clotylda Mensdorff, gekleidet für einen Kostümball, 1885.

amüsanter Stücke, und die gesamte Aristokratie, Jung wie Alt, schlüpfte in Kostüme und versuchte sich als Schauspieler. Das Publikum waren Freunde, Bekannte und Verwandte. Diese privaten Theateraufführungen muss es in enorm großer Zahl gegeben haben. In fast jedem Familienarchiv finden sich unzählige Szenenfotos und Aufnahmen solcher Laien-Vorführungen.[157]

Zusätzlich zu diesen vielen Veranstaltungen gab es in manchen Jahren noch so genannte „adelige Picknicks“, die es der Jugend ermöglichten, einander kennenzulernen. In Jahren, in denen eine große Anzahl neuer Komtessen in die Gesellschaft drängte und viele junge Menschen gut verheiratet werden mussten, versuchte man, für die Jugend zusätzliche Möglichkeiten einzurichten, um zusammenzukommen. Unter der Patronanz einiger Damen der Aristokratie wurde ein schönes Gebäude mit Tanzsaal, oftmals ein Botschaftsgebäude, angemietet. Für das Buffet kamen die Patronessen auf. Es gab keinen Champagner, sondern nur Tee und für

Aristokratinnen im Faschingskostüm, um 1885.

ein Eintrittsgeld von einigen Gulden wurde ein Großteil der Auslagen gedeckt.[158] Zweck dieser adeligen Picknicks war es, den Komtessen und den jungen Männern der Aristokratie eine standesgemäße Möglichkeit zu geben, zu tanzen und zu feiern – denn gerade die Mädchen durften keine der zahlreichen öffentlichen Tanzveranstaltungen besuchen.

Je mehr Veranstaltungen die Aristokratie organisierte und besuchte, desto aufgekratzter wurde die Stimmung. Ganz, als ob sich die sonst distinguierte und stets auf ihr korrektes Auftreten bedachte Gesellschaft ein Ventil suchte. Prinz Liechtenstein: „Die Länge des Faschings hat eine gewisse hysterische Stimmung mit sich gebracht."[159]

Die Tanzsaison endete jedes Jahr mit dem Faschingsdienstag; ab dann herrschte Tanzverbot. Geselligkeit war aber weiterhin erlaubt. Es durften Empfänge und Soireen gegeben werden, jedoch ohne Tanz – eine Tradition, an der die Wiener Hofgesell-

Eine Gruppe aristokratischer Paare, 1912.

schaft eisern festhielt.[160] Auch nach der Faschingszeit blieb die Gesellschaft – bis zum Ende des Frühlings – noch in Wien. Allzu laute Veranstaltungen waren nun zwar verpönt, der rege gesellschaftliche Kontakt der Aristokratie wurde aber aufrechterhalten. Die ersten Verlobungen – fast immer eine Folge der ausgelassenen Ballsaison – wurden nun gefeiert, die ersten Hochzeitsvorbereitungen abgesprochen.

Mit Beginn des warmen Wetters hatten der Wiener Prater und die Pferderennen Hochsaison. Die Prater Hauptallee war ein Treffpunkt der Aristokraten. Man sah und wurde gesehen, taxierte die Equipagen der anderen, unternahm Spaziergänge bis zu den Rennbahnen in die Krieau und fachsimpelte über die Reitpferde und Jockeys, die im Prater trainierten.[161] Für die Wiener war die Prater Hauptallee ein Spektakel, man bestaunte die „feine Welt" und an besonderen Tagen fuhren die Aristokraten mit ihrem Kutscher und Bedienten in Gala-Livreen aus – stets eine kleine Sensation.

Seit den 1880er Jahren war der Blumencorso im Prater ein Pflichttermin der Aristokratie. Ins Leben gerufen von der unermüdlichen Pauline Metternich und geadelt durch die Teilnahme des Kaisers, der seiner Jugendfreundin kaum einen Wunsch abschlagen konnte, wurde der Frühlingscorso im Lauf der Jahre eine Mas-

Aristokratinnen auf der Rennbahn im Wiener Prater, 1901.

senveranstaltung mit zehntausenden Besuchern. Für den Corso schmückte die Gesellschaft ihre edelsten Equipagen über und über mit Frühlingsblumen und fuhr in einem Konvoi die Prater Hauptallee entlang; an der Spitze der Wagen des Kaisers und des Hofes, dann jener der Fürstin Pauline und die Wagen der übrigen Aristokraten, alle mit Kutschern in Gala-Livreen. Dem Adel folgten die Wirtschaftsbarone und reichen Bürger und am Schluss fuhren die einfachen Landauer, auch diese im Rahmen ihrer Möglichkeiten mit Blumen geschmückt.

Den Abschluss der Wien-Sejours der Aristokratie bildete traditionell die Derbywoche in der Krieau, bei der man zum letzten Mal sehen und gesehen werden konnte.

Die Sommermonate verbrachte die Aristokratie auf dem Land, auf ihren Stammschlössern in Böhmen, Mähren, Schlesien, oder aber im Gebiet des heutigen Österreich. Die Schlösser der höchsten und reichsten Adeligen lagen im Gebiet des heutigen Tschechien. Das Schloss der Familie Schwarzenberg lag etwa in Südböhmen, jenes der Familie Liechtenstein im südlichen Mähren und das Stammschloss der Familie Kinsky in Mittelböhmen.

Während des Sommersejours gab es wenig Kontakt mit der Gesellschaft. Besuche beschränkten sich auf die Nachbarn. Zeit-

Eine Gruppe Aristokraten beim ungezwungenen Gespräch im Freien, um 1900.

weise Besuche von engen Familienmitgliedern brachten Abwechslung in das ruhige Leben auf dem Land. Das gesellige Leben war im Sommer unterbrochen, dafür wurde man auf dem Land durch die Vielfalt an Freizeitmöglichkeiten im Freien entschädigt. Es gab Tennisplätze, das beliebte Croquetspiel, und viele Familien ließen gegen die Jahrhundertwende sogar Swimmingpools anlegen, die auch Frauen benutzen durften – freilich nur, wenn keine Gäste anwesend waren. In der Ruhe und Schönheit der Landschaft und der Kühle der alten Schlösser ließ sich die Sommerhitze leichter ertragen als in den heißen, lauten und schmutzigen Städten. Selbst Bürger oder reichere Beamte, kurz, jeder der es sich irgendwie leisten konnte, versuchte seiner Familie eine Sommerfrische zu ermöglichen.

Der Aufwand, den es benötigte, um auf Sommerfrische zu gehen, war enorm; denn mit der Familie übersiedelte der gesamte Hausstand – Dienst- und Kammerpersonal, Kindermädchen und Erzieher. Da man jeweils für einige Monate verreiste, musste der gesamte Hausrat, inklusive der wertvollen Service, die nicht in jedem Schloss vorhanden waren, mitgenommen werden. Die Übersiedlung einer Herrschaftsfamilie war deshalb eine logistische Her-

Sommerfrische: auf der Terrasse des Schlosses der Familie Liechtenstein in Mährisch-Krumau, 1908.

ausforderung. Vorab wurde ein Großteil der fixen Dienerschaft mit dem Hausrat vorausgeschickt, um die Destination herzurichten, einzuräumen, zu putzen und alles wohnlich zu machen. Erst dann reiste die Familie mit ihrem Kammerpersonal und den Erziehern der Kinder an.

Mit Aufkommen der Eisenbahn wurden die jährlich zumindest viermal stattfindenden Übersiedlungen nur mehr auf Schienen angetreten; nur vereinzelt reiste der Adel noch mit der Pferdekutsche – vorwiegend, wenn die Distanzen nicht allzu groß waren. Eltern und Erzieher reisten immer erster Klasse (damit die gebildeten Erzieher die Eltern bei langen Reisen unterhalten konnten). Kinder, vor allem Buben, reisten mit den Dienstboten im Personenzug, allerdings in einem reservierten Coupé. Bepackt mit einem Korb voll Obst und Schinkensemmeln, einem Gumminachttopf und Leintüchern, um aus hygienischen Gründen die Sitze im Coupé damit zu überziehen, bedeuteten diese Reisen für die Kinder stets eine willkommene und abenteuerliche Abwechslung von ihrem Lernalltag.[162] Extrem reiche Aristokraten besaßen sogar eigene Salonwagen, die hinter eine Lokomotive gespannt wurden und, in Abstimmung mit dem Fahrplan, eingeschoben werden durften.

Niemals ging es ungezwungener zu als im Sommer, man traf sich auf seinen Landsitzen und verkehrte nur mit den engsten Freunden, hier Mitglieder der Familien Chorinsky und Trauttmansdorff, um 1885.

Ein ungewöhnliches Bild: Prinz Ferdinand Kinsky (3.v.l.) mit seiner Familie beim Schwimmen. Einige Familien hatten auf ihren Sommerschlössern Schwimmbäder und gestatteten auch den Mädchen, schwimmen zu lernen, 1906.

Die Sommer auf dem Land waren ungezwungen. Man lud Verwandte und Freunde ein und genoss das unbeschwerte Miteinander, 1910.

Junge Mädchen in blütenweißen Sommerroben, um 1910.

Die Kinder der Familie Kinsky mit Kindermädchen auf dem Bahnsteig. Die Übersiedlung zu den wechselnden Sejours erfolgte per Bahn. Die Kinder reisten oft getrennt von den Eltern mit dem Hauspersonal in der 2. Klasse, während die Eltern 1. Klasse reisten, 1905.

Nach den ruhigen Sommermonaten ging es im Herbst wieder mit reger Geselligkeit weiter. Schon standen die traditionellen Herbstsejours vor der Tür. Sie fielen mit den Herbstjagden zusammen und waren die wichtigsten familiären Fixtermine des Jahres: Jetzt traf sich der gesamte Familienverband. Die Familien luden ihre Verwandten ein, von den Großeltern zu den Enkeln über die Schwiegerkinder, Cousins und Cousinen, und alle verbrachten mehrere Wochen miteinander. Für die enge soziale Bindung innerhalb der Familien waren diese Herbstaufenthalte enorm wichtig. Familienmitglieder, die während des Jahres fast nur schriftlich in Kontakt waren, in verschiedenen Ländern der Monarchie lebten, konnten nun endlich wieder zusammen sein und Familiäres besprechen.

In der Herbstzeit widmete man sich auch stets allfälligen Heiratsplänen. Im Kreis der Großfamilie besprachen die Damen mögliche Heiratskonstellationen, erörterten die Verfügbarkeit der begehrtesten Erben, verglichen die Mädchen der Familie mit der Konkurrenz und schmiedeten Pläne für künftige Tanzerl, Teeeinladungen und Hausbälle. So mancher junge Majoratsherr wurde jetzt schon im Geiste verheiratet, ohne dass er davon wusste. So manche Familie teilte sich untereinander die begehrtesten Partien auf und verärgerte damit andere Familien. Unzählige Briefstellen in den Korrespondenzen erzählen von solchen „internen Vergaben", die regelmäßig für Ärger sorgten: „Leontine wird wüthend sein, denn sie hat ihn (den potenziellen Werber, Anm.) schon für Amelitzy gehabt."[163]

Diese Herbstsejours, die Zusammenkünfte der Großfamilie, waren organisatorisch ein ungeheurer Aufwand. Fürst und Fürstin Kinsky verpflegten etwa bei ihren Großfamilientreffen in den drei Herbstmonaten in ihren böhmischen Schlössern Chocen und Mestec in der Nähe des Reitzentrums Pardubitz jährlich an die hundert Personen – selbst für aristokratische Verhältnisse ein riesiges Aufkommen. Für die Frauen bedeuteten die Herbstjagden viel Arbeit, denn auch wenn sie von zahlreichem Personal unterstützt wurden, verblieb die Abwicklung aller Dinge doch in den Händen der Hausfrau. Es galt, die Menüpläne für einige Wochen festzulegen, Blumenarrangements zusammenzustellen, die Besucherzimmer herzurichten, Vorkehrungen zur Unterbringung weiterer Personen im Schloss zu treffen, die Gäste von den nahe gelegenen Bahnhöfen abzuholen und quasi nebenbei noch für eine gute Stimmung unter den Besuchern zu sorgen.[164]

Während der traditionellen Herbstaufenthalte gab es wöchentlich drei bis vier Jagdtage. Jede Familie organisierte auf ihren Ländern Jagden, zu denen nicht nur die Familienmitglieder, sondern auch Standesgenossen der benachbarten Schlösser eingeladen wurden. Die herbstlichen Jagden in Böhmen und Mähren waren ein Stelldichein der Aristokratie, enorm exklusiv und für Außenstehende unerreichbar. Sämtliche Herren sowie ein Teil der Damen nahmen an den Jagden teil. Nur wenige der Aristokratinnen jagten selbst; aber auch diejenigen, die nicht schossen, hatten ihr Vergnügen: Die Damen betätigten sich als Treiber und scheuchten mit ihren Schirmen das Niederwild im Unterholz auf.[165]

Abends traf man sich zu den großen Diners, die immer am Ende der Jagdtage gegeben wurden. Der Tisch war mit Vermeilaufsätzen geschmückt, zur Feier der Jagdtage wurde das Goldservice aufgelegt.[166] Die glanzvollsten Jagdsejours gab die Familie Schwarzenberg in Böhmen. Diese Sejours in Schloss Frauenberg

Auf der Jagd: Die Herbstjagden waren ein beliebtes Stelldichein der Aristokratie, 1906.

Aristokratinnen bei den Rennen in der Wiener Freudenau, einem der fixen Treffpunkte während des Wien-Sejours, 1906.

Auch Damen nahmen zu Pferd an Jagden teil, hier Gräfin Sophie Waldstein, um 1900.

Der Thronfolger Erzherzog Franz Ferdinand als Ehrengast einer adeligen Jagdgesellschaft, am Bildende sieht man die Namen der Teilnehmer, die fein säuberlich eingetragen wurden.

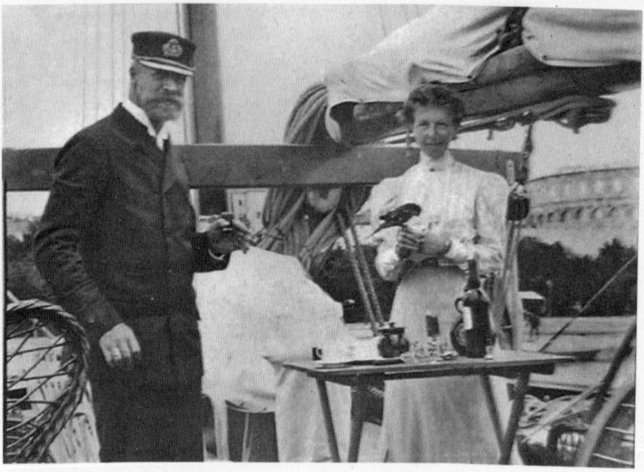

Gegen Ende des 19. Jahrhunderts wurden Fern- und Seereisen, vor allem in den Süden zum fixen Bestandteil des aristokratischen Jahresablaufs. Hier eine Familie an der Riviera, um 1900.

Ein Ausflug an die Riviera, 1900.

dauerten ein Woche, die Gäste waren Verwandte oder Freunde des Hauses. Täglich wurde eine glanzvolle Tafel für siebzig Personen gedeckt und täglich gab es auch zwei Jagden, bei denen bis zu 2000 Stück Hoch- und Niederwild geschossen wurde. Am Abend wurde das erlegte Wild zur Strecke aufgelegt und nach dem Diner bei Fackelbeleuchtung besichtigt.[167]

Am Ende des alljährlichen Herbstsejours, der die Großfamilie zusammenbrachte, kam das „Auseinandergehen."[168] Jeder zog sich in seinen unmittelbaren Lebensbereich zurück, die Kernfamilie war wieder unter sich. Das „Auseinandergehen" wurde höchst bedauert, oftmals aber auch herbeigesehnt – jedoch immer thematisiert, in Tagebüchern und Korrespondenzen.

Reisen im heutigen Sinn, die weitere Distanzen umfassten als jene in die bekannten Kurorte und Seebäder Europas, kamen für Frauen erst in der zweiten Hälfte des 19. Jahrhunderts auf. Allerdings reiste eine Dame immer im Kreis ihrer Familie. Männer hingegen konnten schon in ihrer Junggesellenzeit nur in Begleitung eines Kammerdieners die Welt sehen. Kurz vor der Jahrhundertwende wurden Schiffsreisen in wärmere Gefilde en vogue. Riesige Passagierdampfer, die einen gewissen Luxus versprachen, erfreuten sich großer Beliebtheit. Nun wurden Länder wie Ägypten auch für Damen interessant. Innerhalb kurzer Zeit waren diese Ziele derart beliebt und Schiffsplätze während der Wintermonate derart gefragt, dass nur reisen konnte, wer Monate vorher buchte.[169]

Ebenfalls in der zweiten Hälfte des 19. Jahrhunderts entwickelte sich die französische Riviera zum Treffpunkt der internationalen High Society. Mit der Eröffnung des Spielcasinos von Monaco und der Anbindung des Fürstentums an das Eisenbahnnetz zog es auch Teile der österreichischen Aristokratie an die Südküste Frankreichs. Beliebte Reiseziele waren aber auch jene Teile der Monarchie, die an der Adria lagen. Istrien war steter Anziehungspunkt der besseren Gesellschaft, in Abazzia traf sich jährlich ein Großteil des Adels. Beliebt war auch das mondäne Semmeringgebiet. Die Orte Semmering, Reichenau und Schott-Wien waren auch im Hochsommer gefragte Urlaubs- und Erholungsziele.

Zu Beginn des Winters zogen sich die Familien wieder in ihre Schlösser oder ihre Wiener Palais zurück, je nachdem, wo sie ihren bevorzugten Wohnsitz hatten. Das Weihnachtsfest verbrachte man in aller Stille im Kreise seiner Familie, aber auch seiner Dienstboten. Die Bescherung fand oft gemeinsam mit dem Hauspersonal statt, das bei dieser Gelegenheit ebenfalls beschenkt wurde. Tradition hatte das gemeinsame Feiern der Weihnachtsmette, meist in der eigenen Hauskapelle. Christbäume waren seit der zweiten Hälfte des 19. Jahrhunderts in jedem aristokratischen Haushalt zu finden, reich geschmückt mit vergoldeten Nüssen, Äpfeln und Naschwerk für die Kinder. Den Brauch, Weihnachtsgeschenke einzupacken, gab es laut Zeitzeugenberichten allerdings noch nicht. Die Geschenke wurden auf großen Tischen mit weißen Decken frei aufgestellt.

Die Weihnachtsfeiertage verbrachte man im Kreis der Familie und mit der Vorbereitung für die anstehende Geschäftigkeit des kommenden Jahres. Man hatte sich wieder auf die Neujahrscour am Wiener Hof vorzubereiten, womit aufs Neue ein Jahr in strikt geregelten Abläufen begann ...

„Aristokratisches Theater"

Private Theateraufführungen waren in der aristokratischen Gesellschaft sehr beliebt. Viele Wiener Palais und Landschlösser verfügten über eigene, kleine Theaterbühnen sowie einen Zuseherraum, der eine größere Menge an Freunden und Bekannten aufnehmen konnte. Die Damen und Herren der Aristokratie traten selbst als Schauspieler auf; gespielt wurden leichte, meist französische Stücke. Regisseure dieser kleinen Aufführungen waren ebenfalls stets Standesgenossen. Zu einigen Stücken wurden als Höhepunkt der Aufführungen auch Burgtheaterstars hinzugezogen. Zuseher waren ebenfalls ausschließlich Mitglieder der Aristokratie – man blieb auch bei diesem Vergnügen unter sich. Viele erhaltene Fotos bezeugen die große Zahl an Aufführungen, welche die Aristokratie mit Leidenschaft zum Besten gab.

Ein Theaterstück bei Fürst Max Fürstenberg mit dem Fürsten (ganz links) in der Hauptrolle und einer Schar Aristokratinnen, um 1890.

Das Stück „Was denken Sie?“ spielte im 18. Jahrhundert, um 1886.

Hier gab man das Stück „Der Blöde und die Schüchterne“, um 1886.

Das Stück „Ein Hut“, um 1883.

Eine Aufführung, die leider nicht bekannt ist, um 1886.

Vier Aristokraten auf der Bühne, 1883.

Ein Bühnenfoto ohne Angabe des Stückes, um 1885.

Das Stück „Moritz Schnörche“ wird hier gegeben, um 1880.

IX
Das Vermögen der Aristokratie

Aristokratischer Großgrundbesitz – Abschlagszahlungen aus der Grundentlastung als Modernisierungsfaktor – Gewinne aus Forst- und Agrarwirtschaft -- Die Aristokratie ist so reich wie nie zuvor –Fideikommisse, die Stiftungen des Adels – Das Erbrecht – Eine Frau hat keinen Anspruch auf das Familienvermögen – Familienbesitz darf nicht verkauft werden – Meterdicke Inventarlisten – Vermögen hat man, ohne zu arbeiten – Strikte Ablehnung von Spekulationsgeschäften – Vermögen als Verpflichtung

Die ökonomische Grundlage der Aristokratie war der Großgrundbesitz. Die oftmals riesigen Ländereien in Böhmen, Mähren, Schlesien, der Krain oder den Gebieten des heutigen Österreich waren bis zum Ende der Grundherrschaft 1848 nicht nur die Grundlage von Einkommen, sondern auch der politischen Macht des Adels. Denn der Eintrag in das Verzeichnis der Landtafel (also der Nachweis des Eigentums) garantierte gleichzeitig einen Sitz in den Ständen. Dies war die größte Macht des Adels, denn die „Stände"(die alte Bezeichnung des Adels) mussten ihre Zustimmung zu Steuererhebungen geben.

Nach 1848 stand der Grundbesitz der Aristokratie also nicht mehr für politische Macht, sondern nur mehr für Reichtum. Und zwar in nicht geringem Ausmaß. Im 19. Jahrhundert lukrierte der Adel mehr aus seinen Ländereien als je zuvor. Die Aufhebung der Grundherrschaft stärkte das Unternehmertum. Die Bauern mussten ihren ehemaligen Grundherren keine Abgaben mehr zahlen und der Adel hatte seinerseits keinerlei Verpflichtungen mehr gegenüber den Bauern und der Lokalverwaltung. Als Aristokrat konnte man nun ausschließlich nach den Maximen des Profits agieren. Die wichtigste Änderung, die die Grundentlastung mit sich brachte, war aber die finanzielle Ablöse eines Teils des adeligen Grundes durch Staat und Bauern. Denn der Adel musste auf ein Drittel seines Grundbesitzes zugunsten der Bauern verzichten, wurde dafür aber finanziell entschädigt – und das Geld, das

Gräfin „Dada" Andrassy-Kaunitz in einer prachtvollen Hofrobe aus kostbarem Stoff und mit wertvollem Familienschmuck – die ganze Pracht eines Auftrittes bei Hof, um 1888.

die ehemaligen Grundherren nun erhielten, steckten sie in die Modernisierung ihrer Güter.

Der gesamte Adel hatte Grundbesitz. Hinsichtlich der Größe der Güter gab es aber deutliche Unterschiede. Der Großteil der adeligen Familien verfügte über Grundbesitz in der Größe von ca. 3000 bis 6000 Hektar. Wer über 5000 Hektar besaß, galt als reich. Wer über 10.000 Hektar besaß, galt als enorm reich. Und wer, wie die Familie Schwarzenberg, an die 180.000 Hektar besaß, galt als König – weshalb die schwarzenbergischen Besitzungen in Böhmen als „Königreich Schwarzenberg" bezeichnet wurden.

Nach 1848 wurden die adeligen Besitzungen nach den Grundsätzen des Agrarkapitalismus geführt. Die Bahnlinien, die ab der Mitte des 19. Jahrhunderts das Land durchzogen, erleichterten den Transport der Ernten in die bevölkerungsdichten Zentren der

Monarchie. Das Anwachsen der Städte und der dadurch bedingte höhere Absatz der Produkte sorgten für eine Agrarkonjunktur. Der Landbesitz der Aristokratie umfasste allerdings nicht nur Agrarland, sondern auch Forst. Die Gewinne aus der Forstwirtschaft waren zwar nicht so hoch wie jene aus der Agrarproduktion, trotzdem galt – und gilt – die Forstwirtschaft als die klassische Wirtschaftsdomäne des Adels.

Die Aristokratie im Zeitalter Kaiser Franz Josephs war also, generell gesprochen, so liquide wie noch nie. Das aus der Grundentlastung gewonnene Geld wurde in die Wirtschaft investiert. Der Adel verdiente gut an Bahnbeteiligungen; vereinzelt war man auch der Hochfinanz gegenüber aufgeschlossen. So gründeten zum Beispiel die Fürsten Schwarzenberg und Fürstenberg gemeinsam mit der Familie Rothschild die Creditanstalt.[170] Auch die Industrialisierung wirkte sich aus: Wer wie die gräflichen Familien Larisch oder Wilczek Kohlenreviere im schlesischen Gebiet hatte, besaß eine Quelle nie versiegenden Reichtums, denn Kohle war das Öl des 19. Jahrhunderts.

Was das Finanzielle betrifft, war die franzisko-josephinische Epoche das goldene Zeitalter der Aristokratie. Niemals zogen die Adeligen mehr Gewinn aus ihren Gütern, niemals konnten sie mehr investieren und dadurch ihren Reichtum deutlicher vergrößern. Und niemals hatten sie mehr Mittel zur Verfügung, um ihre Schlösser grundlegend zu renovieren und Wiener Stadtpalais bauen zu lassen. Zum Vermögen der Aristokratie zählten neben den Ländereien, die Stammschlösser, die Wiener Palais, Barvermögen, eventuelle industrielle Beteiligungen, Familienschmuck und das Inventar der Schlösser.

Zusammengefasst wurde das Vermögen des Adels in „Fideikommissen", auch „Familienfideikommisse" genannt.[171] Fideikommisse sind vergleichbar heutigen Stiftungen. Ihre Errichtung musste gerichtlich bewilligt werden und sie hatten den Zweck, die Aufsplitterung des Familienbesitzes durch Erbteilung zu verhindern. Das in Fideikommissen eingebrachte Vermögen war unveräußerlich und durfte maximal bis zu einem Drittel seines Wertes belehnt werden. Die Verwaltung eines aristokratischen Fideikommisses oblag stets nur dem Erstgeborenen (dem „Fideikommissinhaber"). Er hatte alle Rechte und Verbindlichkeiten, jedoch auch die alleinige Nutznießung des Vermögens.[172] Konkret: Der Familienchef trug die Verantwortung für den Erhalt des Familienbesitzes. Er durfte von Rechts wegen die Substanz des Vermögens weder verkaufen noch schmälern; dafür durfte er allein über den Gewinn verfügen, den das Vermögen abwarf.

Das Fideikommiss „gehörte" dem Erstgeborenen nicht, es stand aber in seinem „Nutzungseigentum".[173] Was in der Praxis bedeutet, dass das Familienvermögen auch den nachgeborenen Söhnen gehörte – die alleinige Hand darauf hatte aber nur der Erstgeborene, der Familienchef. Er bestimmte, wie viel von den Erträgen er als Apanagen auszahlen wollte und wie viel er für sich behielt.

Hatte ein Familienchef keine männlichen Nachkommen, ging das Familienvermögen an seinen jüngeren Bruder oder dessen Söhne über. Eines war mit § 626 des Gesetzes zu Fideikommissen allerdings klargestellt: „Die weibliche Nachkommenschaft hat in der Regel keinen Anspruch auf Fideikommisse"[174] Erst wenn eine Familie im Mannesstamm ausgestorben war und sich kein einziger, noch so entfernter männlicher Verwandter mehr finden ließ, trat eventuell – theoretisch – die Situation ein, dass eine Frau erben konnte. In solch extrem seltenen Fällen innerhalb der Aristokratie griff der Kaiser selbst ein. Aus der Regierungszeit Kaiser Franz Josephs ist nur ein einziger derartiger Fall bekannt. Nach dem Tod des letzten Fürsten Dietrichstein bewilligte Franz Joseph persönlich, dass die älteste Tochter des Fürsten Titel und Erbe in die Ehe mit dem Grafen Mensdorff-Pouilly „mitnahm", so dass ein – hoffentlich bald geborener – Sohn das Erbe antreten konnte. Frauen kam also nur die Rolle der Platzhalterin zu.

Da sämtliches, im Fideikommiss eingebrachtes Vermögen inventarisiert war, konnte auch nichts davon verkauft werden. Denn die gesetzliche Regelung verbot, das in die Stiftung eingebrachte Vermögen zu veräußern. Sofern es sich um Landbesitz und Beteiligungen handelte, verhinderte dieses Verkaufsverbot eine völlige Kommerzialisierung des Großgrundbesitzes – zum Nachteil der Wertsteigerung. Doch auch das tägliche Leben wurde durch diese strenge Bindung beeinflusst, vor allem, was die Einrichtung der Wohnsitze, Schlösser und Palais betraf: Alle Antiquitäten, das Familiensilber, die Gemälde sowie die Alltagsmöbel waren inventarisiert und duften nicht veräußert werden. Das hatte zur Folge, dass man zum Teil noch immer mit der gleichen Einrichtung lebte wie seine Vorfahren – mit ein Grund, warum, bis auf die persönli-

Prinzessin Etelka Andrassy in einer Ballrobe und mit riesigen Diamanten, um 1890.

chen Salons der Damen und die Raucherzimmer der Herren, viele Schlösser und Palais trotz aller exquisiten Antiquitäten eine unpersönliche, altmodische Note hatten. Um eine Einrichtung grundlegend zu modernisieren, hätte man sämtliches Mobiliar austauschen müssen, und da man nicht ganze Appartementeinrichtungen auslagern konnte (irgendwo mussten diese inventarisierten Vermögenswerte, derer man sich nicht entledigen durfte ja lagern) beschloss man oftmals lieber gleich, alles beim Alten zu belassen – wohnlicher wurden die betagten Gemäuer dadurch nicht.

Nicht nur das wertvolle Mobiliar, auch der gesamte Hausrat bis hin zum Küchengeschirr waren als Vermögenswerte in ein Fideikommiss eingebracht. Gut erhaltene Familienarchive verfügen über meterdicke Inventarlisten, in denen jede Zuckerdose, jedes Nippes und jede Kupferpfanne aufgelistet ist.[175]

Vermögen war etwas, was man in aristokratischen Kreisen hatte – aber nicht erwarb; schon gar nicht durch Arbeit. Denn bürgerliches Leistungsdenken vertrug sich schlecht mit dem strikten Ehrbegriff des Adels. So gab es etwa auch für die finanziell auf schwachen Beinen stehenden Nachgeborenen keine Chance auf eine eigene Vermögensbildung, diese konnten meist froh sein, wenn

Prinzessin Marie Taxis-Hohenlohe mit prachtvollem Familienschmuck. Der Schmuck war meist Teil des gebundenen Familienvermögens und durfte nicht veräußert werden, um 1880.

für sie ein ausreichender Broterwerb möglich war. Als ehrenvoll galt, wie bereits gesagt, nur der Dienst im Heer und bei Hof – beides allerdings mäßig bezahlt. Tätigkeiten in der Verwaltung oder im diplomatischen Dienst waren zwar sehr angesehen, da man die Repräsentationsspesen jedoch selbst tragen musste, kamen hierfür nur die Majoratsherren infrage. Der diplomatische Dienst war in Händen der reichen Familien. Für einen Botschafterposten in der Hauptstadt einer europäischen Großmacht musste man schon einer finanziell extrem potenten Familie entstammen. So mancher Aristokrat hat sich für einen ehrenvollen Dienst für das Vaterland und die Hoffnung auf eine Karriere im diplomatischen Dienst annähernd ruiniert.[176]

So wenig man Vermögenserwerb durch Arbeit goutierte, so sehr lehnte man aus moralischen Gründen Spekulationsgewinne ab. Beteiligungen an soliden Unternehmen, am Bahnnetz oder an Kohlengruben waren für Aristokraten das Äußerste an Berührungspunkten mit der Wirtschaft. Geschäfte an der Börse allerdings galten per se als unstandesgemäß und Spekulationen als unwürdig. Ausnahmen bestätigen freilich die Regel. Denn viele konnten den Verlockungen des schnellen Gewinnes doch nicht widerstehen. Selbst wenn manche Aristokraten bei Börsengeschäften erfolgreich mitmischten, versuchte man zumindest, nichts davon publik zu machen. Sogar innerhalb der Familie versuchte man Börsengeschäfte, falls sie reine Spekulationen waren, zu verheimlichen. Die Umgebung aber – stets gewohnt, genau zu beobachten – bemerkte jede Änderung in der Lebensführung eines Standesgenossen und begann gleich, sich einen Reim darauf zu machen. Liechtenstein über seine verschwägerte Familie: „Bei Trauttmansdorff herrscht ein gewisser Reichtum, der früher nicht war. 2 Automobile, 2 Ballfeste, eine Aufzahlung an Nanny für Ärzte und Villa in Baden, was noch nie vorgekommen ist. Engelbert lebt mit Frau und Tochter im Grandhotel ... mein Instinkt sagt mir, dass die beiden in einer Spekulation drin stecken, die gut geht.“[177]

Vermögen wurde als Verpflichtung gesehen. Man hatte die Verantwortung, den Besitz der Familie sicher und ungeschmälert an die nächste Generation weiterzugeben. Der Verlust eines Familienvermögens war für den Adel nicht nur eine finanzielle Katastrophe, sondern auch unehrenhaft. Denn man verstieß damit gegen die wichtigste Aufgabe, die man als Aristokrat hatte: Die Werte und Traditionen der Familie, aber auch den von den Vorfahren ererbten Besitz zu wahren, zu verwalten und gleichzeitig sicherzustellen, dass dies alles auch weiterhin für die Nachkommen bestehen würde. Das Vermögen des Hauses weiterzutragen war mehr als nur eine finanzielle Angelegenheit – es war auch eine Frage des Respekts für seine Vorfahren und des Verantwortungsgefühls gegenüber ihren Leistungen.

Bei allem Reichtum waren viele aristokratische Familien dennoch zum Teil hoch verschuldet. Geriet eine Familie in wirtschaftliche Schwierigkeiten, oder sanken die Einnahmen aus der Land- und Forstwirtschaft, hatte sie durch die Unveräußerlichkeit des Familienvermögens, das in Fideikommissen gebunden war, keine Möglichkeit Werte abzustoßen oder flüssig zu machen. Es gab nur eine Möglichkeit, um zu größeren Mengen Geldes zu kommen:

Indem man die Fideikommisse belehnte. Bis zu einem Drittel durften die Familienstiftungen von Gesetzes wegen belehnt werden.

Ab den 1880er Jahren überschuldeten sich mehr Familien des Adels als je zuvor und so mancher adelige Landwirtschaftsbetrieb kämpfte ums Überleben. Grund war der stark fallende Getreidepreis in Europa, verursacht durch das überseeische Getreide, das nun den Markt überschwemmte. Mit dieser Entwicklung mithalten, konnten nur mehr extrem große landwirtschaftliche Betriebe, kleinere waren kaum mehr wettbewerbsfähig. Das Aufkommen von Gefrierfleisch zwanzig Jahre später versetzte vielen der bereits angeschlagenen adeligen Betriebe endgültig den vernichtenden Schlag. Viele kleine und mittlere Betriebe wären zugrunde gegangen – hätte nicht die enorm reiche Familie Liechtenstein viele ihrer wirtschaftlich am Boden liegenden Standesgenossen finanziell aufgefangen, um Peinlichkeiten und üble Nachrede zu vermeiden.

Nicht nur viele Familienbetriebe hatten Schulden, auch Privatpersonen waren oftmals verschuldet, vor allem die jüngeren Söhne. Für die Privatschulden eines nachgeborenen Sohnes hatte man in der Regel aber Verständnis. Denn der klassische Lebenslauf eines jüngeren Sohnes umfasste eine Tätigkeit in der kaiserlichen Armee, die zwar sehr angesehen, aber schlecht bezahlt war – noch dazu für Söhne aus reichem Haus. Dass die jungen Männer oft Geld ausliehen, um an gesellschaftlichen Vergnügungen teilhaben zu können, wurde toleriert. Und da diese nachgeborenen Söhne oftmals zu wenig Vermögen für eine Eheverbindung hatten, gönnte man ihnen zumindest ihre Liebschaften; für die sie ebenfalls Geld brauchten. Musste man doch eine Liebschaft häufig ausführen, sich mit Geschenken ihre Gunst erhalten und auch ein kleines Zimmer oder gar eine Wohnung für die Têtes-à-Têtes mieten. Denn viele junge Aristokraten besaßen nicht einmal eine eigene Wohnung, sondern lebten in der Kaserne. Geld lieh man sich meist diskret bei begüterteren Standeskollegen oder entfernten Verwandten, die nicht auf sofortige Rückzahlung drängten, sondern warten konnten, bis der Schuldner in den Genuss einer kleinen Erbschaft oder einer Mitgift kam.[178]

Scharf verurteilt wurden allerdings Bankrotte. Dass man Schulden machte, um ein bisschen Vergnügen zu haben, stieß noch auf Verständnis. Wenn man allerdings jegliches Maß verlor und durch einen peinlichen Bankrott Schande über die Familie und den Stand brachte, der vielleicht noch durch Spielsucht verursacht wurde, war der sonst so zurückhaltende Adel gar nicht mehr zurückhaltend. Dann ging er mit den Bankrotteuren scharf ins Gericht. Als der junge Prinz Fugger mit mehr als einer Million Kronen wegen Spielsucht und Leichtsinn in Konkurs ging (damals eine enorme Summe), wetterte Prinz Liechtenstein: „Solche Lebensläufe geben den Socialisten recht!“ [179] In diesem Satz offenbart sich auch die grundlegende Erwartung der meisten Aristokraten an ihre Standesgenossen: Man sollte nichts tun, was den Stand als solchen angreifbar machte. Gerade an der Schwelle zum 20. Jahrhundert, als die aufkommende sozialistische Partei zu einer Massenbewegung wurde, deren Führer immer schärfer und offener die Existenzberechtigung des Adels in Frage stellten, verurteilten viele Aristokraten jedes Verhalten, das die – berechtigte – Kritik der politischen Gegner auf sich zog.

Es scheint, als ob sich der Adel in den letzten Jahren der Monarchie bei der offensiven Zurschaustellung seines Vermögens zumindest teilweise zurücknahm. Hatte man in den Boomjahren der Gründerzeit seinen Reichtum noch zur Schau gestellt – man denke nur an die vielen neuen Palaisbauten, an die prächtigen Feste (ausführlich im „Salonblatt“ beschrieben) oder die unzähligen Festumzüge, bei denen man früher in kostbaren Kostümen glänzte –, so versuchte man nun, nicht allzu viel Missgunst zu erregen.

Spätestens mit der niedergeschlagenen Russischen Revolution von 1905 setzte in Teilen der Aristokratie ein „Rückzug nach innen“ ein. Dass sich das Volk in Russland erhoben hatte, ließ den reflektierenden Teil des Adels absolut nicht kalt. Korrespondenzen aus dem Jahr 1905 belegen, dass man sich deutlich der Gefahr bewusst war, die von einer verarmten Masse ausgehen kann. In den letzten Jahren vor dem Ersten Weltkrieg hielt sich der Adel bei den reinen Repräsentationsausgaben – die einzig dem Zweck dienten, zu zeigen, was man hat – ziemlich zurück. Selbst beim alljährlichen Blumencorso im Prater, zu dem in der Vergangenheit der gesamte Adel in seinen prächtigen (und enorm teuren) Equipagen ausrückte, um sich von der staunenden Menge bewundern zu lassen, sah man gegen Ende der Monarchie immer weniger Teilnehmer, die stolz ihren Reichtum zur Schau stellten. Zwar kamen noch alle zu dieser Veranstaltung, doch ihr Auftreten war bescheidener als jemals zuvor.

Der Obersthofmeister Kaiser Franz Josephs an einen Freund: „Der gestrige Corso scheint den Zweck gehabt zu haben zu constatieren, dass es keine Equipagen mehr gibt. Alles Andere war Pflanz. Da S.M. (Seine Majestät, Anm.) gefahren ist, sind die Meisten unserer Kreise ausgerückt, aber in der Masse war das verschwindend.“ [180]

Was das Vermögen betrifft, gab es innerhalb der Aristokratie gegen Ende der Monarchie zwei unterschiedliche Entwicklungen. Jene Familien, die seit jeher reich waren und sehr große landwirtschaftliche Betriebe hatten, blieben auch unter den sich drastisch ändernden Bedingungen der Agrarwirtschaft wettbewerbsfähig, ja ihr Vermögen war gegen Ende der Monarchie oftmals größer als je zuvor. Doch die Selbstverständlichkeit, dies auch zu zeigen, schwand immer mehr.

Auf der anderen Seite gab es nun plötzlich auch Familien, deren landwirtschaftliche Betriebe mit den geänderten Marktbedingungen nicht mehr mithalten konnten und die sich nur mehr mit Hilfe von finanzstarken Standesgenossen über Wasser halten konnten.

X
Krankheiten, Schicksalsschläge und Depressionen

Frauenleben im 19. Jahrhundert aus medizinischer Sicht – Schwangerschaft, „Fausse Couche“ und Geburt – Tödliche Gefahr: eine schwierige Geburt – Aristokratinnen litten kaum am Kindbettfieber – Gefährliche Kinderkrankheiten – Der Tod eines Kindes – Infektionskrankheiten als größte Gefahr – Operationen – Krebs – Fehlende Diagnosen und wirkungslose Therapien – „Nervositäten“ und Depressionen – Psychosomatische Erkrankungen durch gesellschaftlichen Druck

Das klassische Frauenleben im 19. Jahrhundert war aus medizinischer Sicht vielen Gefahren ausgesetzt. Selbst die Angehörigen der sehr schmalen obersten Gesellschaftsschicht waren – trotzdem sie die klassischen Krankheiten, die durch Hygienedefizite hervorgerufen wurden, vermeiden konnten – vielen Krankheiten und medizinischen Risiken hilflos ausgeliefert.

Schon die vielen Schwangerschaften und Geburten stellten ein weitaus höheres Risiko als heute für die Frauen dar. Eine Aristokratin der franzisko-josephinischen Epoche erlebte im Laufe ihres Lebens viele Geburten, denn Geburtenkontrolle wurde von ihr weder praktiziert, noch war sie aus religiösen Gründen vertretbar. Schon während der Schwangerschaften konnte es zu Problemen kommen. Die Medizin wusste noch zu wenig über vorbeugende Maßnahmen gegenüber möglichen Erkrankungen in der Schwangerschaft, die Schäden des Kindes nach sich ziehen konnten. Erst Mitte des 19. Jahrhunderts gelangte eine Entdeckung französischer Ärzte nach Österreich, denen es gelungen war, die Herztöne des ungeborenen Kindes abzuhorchen und zu deuten:[181] ein wichtiger Schritt zum Schutz der Schwangeren, durch den vor allem die gefährliche Situation des unbemerkten Todes eines Fötus frühzeitig erkannt und das Leben der Mutter gerettet werden konnte.

Viele Schwangerschaften endeten frühzeitig mit einer Fehlgeburt, stets verschämt auf Französisch „Fausse Couche“ genannt; die Korrespondenz wimmelt nur so von Nachrichten über Fehlgeburten.[182] Gar nicht so wenige Frauen trugen trotz Schwangerschaft ein Korsett, schnürten sich also die Taille ein. Die hiermit verbundenen Risiken waren den Zeitgenossen bekannt, doch die Eitelkeit war bei vielen Frauen offenbar stärker als die Vernunft. Kam es zu Fehlgeburten oder Frühgeburten, wenn die Mutter während der Schwangerschaft ein Korsett getragen hatte, wurde sie mit Vorwürfen überschüttet und der Unverantwortlichkeit angeklagt.[183]

Die Geburten fanden stets zu Hause unter der Aufsicht einer Hebamme statt. Ein Arzt wurde nur in schwierigen Fällen hinzugezogen. Solange die Geburten normal verliefen, brauchten die Frauen weder Arzt noch irgendwelche Hilfsmittel. Stellten sich jedoch auch nur irgendwelche Komplikationen ein, wurde eine Geburt im 19. Jahrhundert schnell zu einer lebensbedrohlichen Situation. Es gab kaum Möglichkeiten, bei schwierigen Geburten zu helfen. Und so starben, obwohl sich der Adel jede medizinische Unterstützung leisten konnte, auch relativ viele Aristokratinnen nach Geburtskomplikationen.

Die einzige Möglichkeit, eine komplikationsreiche Geburt schnell zu beenden, konnte trotz technischer Machbarkeit nicht angewendet werden: Kaiserschnitte wurden fast nie durchgeführt und galten vor dem 20. Jahrhundert als medizinisch unverantwortlich – nicht wegen des Eingriffs an sich, sondern wegen der fast unweigerlich darauf einsetzenden Infektionen, die fast immer den Tod der Mutter bedeuteten. Selbst beim Absterben des Kindes im Mutterleib wurde deshalb niemals der chirurgisch relativ einfache Kaiserschnitt angewendet, sondern das Kind auf natürlichem Weg herausgeholt, was eine ziemlich blutige Angelegenheit war – einer der vielen Gründe, warum Frauen vor komplizierten Geburten fürchterliche Angst hatten.[184]

Vor der größten Gefahr einer Gebärenden aber waren Aristokratinnen (wie alle Damen der höheren Gesellschaft) besser geschützt. Das berüchtigte Kindbettfieber kam bei ihnen kaum vor – weil die adeligen Damen eben Hausgeburten hatten und nicht wie die einfachen Städterinnen in den Spitälern entbanden. Den Zusammenhang zwischen den massenhaften Toden junger Mütter in den Spitälern und den Spitalsärzten, die sich, ohne ihre Händen zu desinfizieren, nach Besuchen Infektiöser, oder gar dem Sezieren von Leichen, um die Geburten kümmerten, sollte erst der „Retter der Mütter" Ignaz Semmelweiß erkennen – und vor allem

Gräfin „Tepsch“ Westphalen und Gräfin Therese Trauttmansdorff mit je fünf Kindern, der durchschnittlichen Kinderzahl einer Aristokratin, 1903.

richtig deuten. Die Wiener Frauenkliniken waren gegen Mitte des 19. Jahrhunderts berüchtigt: Zu viele gesunde Mütter starben in den Spitälern, so dass sich Frauen mittlerweile weigerten, sich auch bei Komplikationen ins Spital bringen zu lassen. An manchen Wiener Geburtskliniken – vorwiegend dort, wo Studenten waren, die zwischen Seziersälen und Klinik wechselten – betrug die Müttersterblichkeit dreißig Prozent.[185] Semmelweiß' einfachste Maßnahmen – die Vorschrift, vor dem Kontakt mit einer Gebärenden die Hände mit Chlorwasser zu waschen und fiebernde Personen von der Geburtenstation fernzuhalten – führten zu einem sofortigen Abfall der Todesrate auf weniger als ein Prozent.

Um die Jahrhundertmitte gelang ein weiterer Schritt zur Erleichterung schwieriger Geburten – und Sir V. J. Simpson wurde durch die Anwendung des Chloroforms zur Narkotisierung Gebärender weltberühmt. Seine prominenteste Patientin, Queen Victoria von England, half freilich bei diesem Siegeszug deutlich mit. Denn Victoria ließ öffentlich bekanntgeben, dass sie ebenfalls durch den Einsatz von Chloroform bei ihren Geburten Erleichterung erfuhr und hoffe, durch diese Erklärung ihren weiblichen Untertanen die

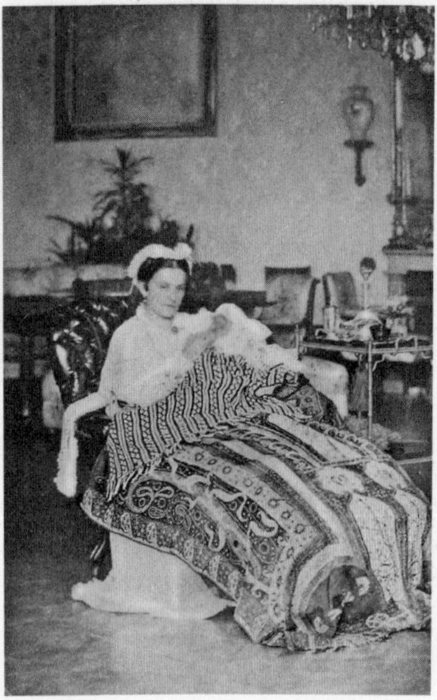

Gräfin Sophie Kinsky mit ihrem neugeborenen Baby, um 1890.

Scheu vor der neuen Anwendung zu nehmen – die Queen war eine der eifrigsten Unterstützerinnen Simpsons.[186]

Auch Zwillingsgeburten stellten – wegen des fehlenden Wissens über frühkindliche Betreuung – ein Risiko dar. Die Kinder, die meist zu früh zur Welt kamen, schwebten oft wochenlang zwischen Leben und Tod. Zwillingsgeburten stellten übrigens hinsichtlich der Rangfolge ein Kuriosum dar. Denn gebar eine Frau als erste Kinder Zwillinge, so stellte sich bei Söhnen natürlich die Frage: Wer ist der „Erste" und damit Erbe? Man würde wohl annehmen der Erstgeborene, weil er zuerst auf der Welt war. Interessanterweise wurde aber der Zweitgeborene, also jenes Baby, das einige Minuten später als sein Bruder auf die Welt kam, als „der Erste" – das heißt, als der Erbe einer Herrschaft oder eines Thrones – betrachtet. Offenbar nahm man an, dass jener Zwilling, der zuletzt auf die Welt kam, „zuerst" (früher) im Bauch war.[187]

Gräfin Chotek mit Kleinkind, 1870.

Ob Einfach- oder Mehrlingsgeburten: Geburten waren und blieben im 19. Jahrhundert gefährlich, auch für Frauen, die die beste medizinische Versorgung in Anspruch nehmen konnten. Auch unter Spätfolgen der vielen Geburten litten viele Frauen, ohne dass die Medizin hier Abhilfe schaffen konnte.[188]

Selbst wenn ein Säugling eine schwierige Geburt und das erste Jahr unbeschadet überstanden hatte, konnte eine Mutter dennoch nie sicher sein, dass ihr Kind das Erwachsenenalter erreichen würde. Denn die Kindersterblichkeit war, trotz des Aufschwungs der österreichischen Kinderheilkunde in der zweiten Hälfte des 19. Jahrhunderts, immer noch sehr hoch. Und das auch in jenen Kreisen, die den besten Zugang zu medizinischer Versorgung hatten. Eine große Gefahr waren Infektionskrankheiten.[189] Die Diphtherie, „der Schrecken der Mütter", war eine der häufigsten Todesursachen von Kleinkindern. Dieser Krankheit, die mit einem Anschwellen des Rachens begann, zu Atemnot führte und meistens mit dem Tod endete, sollte erst im Jahr 1906 mit der Produktion eines wirksamen Impfstoffs der Schrecken genommen werden. Auch vom Tod durch „Kindercholera" liest man immer wieder in den Quellen; selbst in der kaiserlichen Familie gab es Opfer unter den Kleinkindern.[190]

Es war also, quer durch alle Gesellschaftsschichten, im 19. Jahrhundert durchaus traurige Realität, Kinder bereits im Kleinkindalter zu verlieren.

Man neigt mitunter dazu, anzunehmen, dass in Zeiten, in denen der Tod von Kindern alltäglich war, ein derartiger Schicksalsschlag – eben weil man damit rechnen musste – nüchterner hingenommen wurde. Doch die Quellen sprechen eine deutlich andere Sprache. Der Tod von Kindern stürzte die Mütter oftmals in große Depressionen; auch wenn die psychischen Spätfolgen durch den Verlust eines Kindes nach außen hin nicht thematisiert wurden.

Die Erziehung der Aristokratinnen gebot, auch bei Schicksalsschlägen Haltung und Stärke zu zeigen – in ihrem Innern sah es freilich ganz anders aus. Der Verlust von Kindern führte oft zu schweren Depressionen und im schlimmsten Fall zu Problemen mit der Familie. Die Psychologie würde heute wohl von Stress durch Trauma sprechen. Tagebuchaufzeichnungen und Korrespondenzen belegen, dass der Tod eines Kindes, über den eine Mutter nicht hinweg kam, sogar zu einem gestörten Verhältnis zu ihren anderen Kindern führen konnte. Entfremdung vom Ehemann war eine weitere mögliche (und nicht seltene) Folge dieses Traumas, vor allem, wenn sich die Frau in ihrem Schmerz unverstanden fühlte. Selbst wenn das Familienleben auch nach dem Tod des Kindes weiterging, der Schmerz blieb immer, ein Leben lang. Prinzessin Marie Hohenlohe schrieb als knapp Neunzigjährige über den Verlust zweier Kinder, der mehr als fünfzig Jahre her war: „Seit meine Kinder aus dem Haus sind, vermied ich den Jubel des Christbaums, denn der Tod zog zweimal in mein Haus an diesen Freudentagen der Kinder. Jetzt starb noch das liebliche Enkelkind in der Christwoche."[191]

Gerade diese schlimmsten Schicksalsschläge zeigten auch, wie wenig Möglichkeiten Frauen der besseren Gesellschaft hatten, Gefühle und Ängste auszuleben, wie sehr das Korsett an Konventionen und gesellschaftlichen Erwartungen zu Sprachlosigkeit

Ein Kindermädchen mit großer Kinderschar. Zahlreiche Geburten waren für eine Frau im 19. Jahrhundert selbstverständlich, um 1895.

und Verdrängen von Austausch führte. Tagebücher waren in diesen Zeiten für die Frauen ein geradezu psychohygienisches Ventil.

Nicht nur Kinder, auch die Erwachsenen waren im 19. Jahrhundert gesundheitlichen Gefahren ausgesetzt, die heute kein Problem mehr darstellen. Die größte Gefahr ging damals von Infektionen aus – in einer Zeit ohne Antibiotika (Penicillin sollte erst 1928 entdeckt werden) war jeder chirurgische Eingriff, jeder Infekt, jede Sepsis eine lebensbedrohliche Situation. Doch selbst wenn man Infekte überlebte, hatte man oft mit Spätfolgen zu rechnen. Denn übergangene Infekte konnten sich auf das Herz schlagen und zu ernsten Herzproblemen führen. Und Herzprobleme hatte fast die gesamte Aristokratie im Alter, ob Männer oder Frauen.[192]

Weit verbreitet waren auch Lungenkrankheiten. Die berüchtigte Tuberkulose, in den Armenvierteln die Todesursache Nummer Eins, machte auch vor der Ersten Gesellschaft nicht halt. Noch wusste man nichts über die Übertragung durch Tröpfcheninfektion; man ahnte aber bereits, dass diese Krankheit auch bekommen konnte, wer in Wohlstand lebte. Dies war auch der Grund, warum sich der Adel bei seiner Wohltätigkeitsarbeit massiv für die

Bekämpfung der Tuberkulose und die Erforschung eines Gegenmittels einsetzte: Man erkannte klar und deutlich, dass jeder Tuberkuloseschub in den untersten Bevölkerungsschichten unweigerlich Opfer bis in die höchsten Gesellschaftsschichten nach sich zog. Jedem neuerlichen Aufflackern einer Infektion war kaum beizukommen.

Auch Lungenentzündungen waren gang und gäbe; sie waren jedoch jedes Mal aufs Neue eine ernste und langwierige Angelegenheit. Jede Erkrankung versetzte die Umgebung in große Aufregung.[193] „Irma Esterhazy scheint mit ihrer Lungenentzündung ziemlich heraußen zu sein. Er soll in einer hellen Verzweiflung gewesen sein, wie es ihr so schlecht ging“,[194] schrieb Rudolf Liechtenstein etwa – nur ein Beispiel von vielen, vielen Briefstellen über Lungenentzündungen. Dagegen war die immer wiederkehrende „Influenza“ fast schon harmlos.[195] Hatte man sie überstanden, kurierte man sich in einem der Luxushotels am Semmering aus.[196]

Operationen wurden – trotz der Infektionsgefahr – häufig durchgeführt. Meist wägte man zwischen den Risiken, die es gab, und der Möglichkeit (oder Unmöglichkeit) ab, mit einer Krankheit oder Entzündung zu leben. Blinddarmoperationen wurden aber stets durchgeführt, denn eine Nichtbehandlung führte unweigerlich zum Tod. Leicht nahm man Operationen aber nicht – die Möglichkeit, nicht wieder aufzuwachen, lag näher als heute. So mancher Mann verlor seine Frau, weil sie nicht wieder aus einer Narkose erwachte.[197] Da meist die ganze Familie um die Mutter, die sich einer Blinddarmoperation unterziehen musste, in Sorge war und jeder im Bekanntenkreis Fälle kannte, bei denen Operationen letal endeten, bediente sich manche Frau einiger Tricks, um ihre Familie nicht aufzuregen: „Gräfin Dada Andrassy hat sich den Blinddarm operieren lassen. Sie schickte die Tochter mit Széchenyi am Ball und sagte ihnen sie habe Influenza ging aber direkt zur Operation ins Sanatorium. Ihr Befinden ist normal.“[198]

Augenoperationen hingehen wurden nicht nur in großer Zahl, sondern offenbar auch höchst erfolgreich durchgeführt. Hinweise auf Todesfälle fehlen hier. Auch scheint, dass man Operationen am Auge weniger ängstlich entgegensah.[199]

Um die Lebensmitte waren es vor allem zwei Krebsarten, die Frauen gefährlich werden konnten und – den Quellen nach – nicht wenige Todesopfer forderten. Relativ häufig waren bereits damals

Brust- und Gebärmutterkrebs, die beide schon erkannt werden konnten, für die aber keinerlei wirksame Therapie existierte. Brustkrebs wurde häufig als „Brustleiden“ deklariert, langes Siechtum war gang und gäbe. Brustkrebsoperationen bezeichnete man oft als „Frauen-Operation“ – bei diesen Eingriffen war die Sterblichkeitsrate extrem hoch.[200] Auch Gebärmutterkrebs dürfte weit verbreitet gewesen sein, die Eingriffe waren aber offenbar weniger oft letal als bei Brustkrebsoperationen. Gebärmutterentfernungen wurden in erstaunlich großer Zahl erfolgreich durchgeführt (wobei die Quellen zu den langfristigen Überlebenschancen freilich kaum etwas erzählen).[201]

Die Korrespondenzen belegen, dass man über Krankheiten, Symptome und Therapien offen redete. Selbst Frauenleiden wurden auch von Männern unaufgeregt und ohne jegliches Peinlichkeitsgefühl besprochen und kommentiert. Erzählungen über Krankheiten in der Familie, von Freunden und Bekannten, nehmen enorm viel Raum ein in den Korrespondenzen, ebenso in den Tagebüchern. In manchem Briefwechsel nehmen die Ausführungen über Art und Weise der Erkrankungen, die Auflistung, wer gerade woran laborierte, oft ein Drittel des Geschriebenen ein.

Mit ein Grund hierfür dürfte sein, dass es bei vielen Krankheiten keine eindeutigen Diagnosen gab. Es finden sich stets die gleichen, diffusen Beschreibungen gewisser Leiden, die nicht exakt benannt werden konnten (meist auch trotz ärztlicher Betreuung), die gleichen Berichte von oftmals wirkungslosen Therapien, die kaum Besserung brachten. Die Menschen sahen in ihrer Umgebung viele Erkrankungen, die auch die teuersten Ärzte oft nicht erkennen oder erfolgreich behandeln konnten. Die Angst davor, nicht zu wissen, woran man selbst oder seine Lieben litten, dürfte weit verbreitet gewesen sein. Das fast schon minutiöse Auflisten von Krankheiten, Therapien, Besserungen und Rückschlägen diente vielleicht auch zur Verarbeitung der erschreckenden Tatsache, dass man jederzeit und unabhängig vom Zugang zur besten ärztlichen Behandlung schwer erkranken konnte, ohne irgendetwas dagegen tun zu können.

Wer das Glück hatte, ein hohes Alter zu erreichen, hatte schon den Großteil seiner Altersgenossen überlebt, musste aber dennoch stets damit rechnen durch einfache Verletzungen in lebensbedrohliche Situationen zu kommen. Man wusste bereits damals, wie gefährlich Knochenbrüche im hohen Alter sein konnten.[202] Vor allem Beinbrüche waren gefürchtet. Durch die lange Liegephase, die bei Brüchen eingehalten werden musste, kam es extrem oft zu Lungenembolien und Lungenentzündungen. Die vielen Erwähnungen von Stürzen älterer Familienmitglieder oder Freunden waren stets von ängstlichen Formulierungen begleitet. Man fürchtete stets, dass die Folgen eines einfachen Bruches zum Tod führten.[203]

Für die letztlich letalen Krankheiten gab es noch keinerlei Schmerztherapie im heutigen Sinn. Die vorsorgliche Gabe von Opiaten war nicht üblich. Manche Krankheiten waren derart schmerzhaft, dass weder die Kranke, noch ihre Angehörigen damit zurechtkamen. Beschwörungen in Korrespondenzen, dass man seinen Freunden und Lieben den Tod wünschte, damit diese nur endlich von ihren Schmerzen befreit werden, zeugen von den furchtbaren Leiden, die im 19. Jahrhundert mit schweren Krankheiten einhergingen und gegen die man machtlos war.[204]

Psychische Erkrankungen fasste man unter dem Sammelbegriff „Nervositäten" zusammen – ein Begriff, der ebenso hilf- wie ahnungslos anmutet. Ein heikles Thema waren Depressionen bei den Frauen, wobei das Leiden weder so bezeichnet, noch als solches erkannt wurde. Viele Frauen der besseren Gesellschaft litten an Depressionen. Die Eigen- und auch Fremdbeschreibungen umfassten Beschreibungen wie „melancholisch", „von tiefer Traurigkeit" und „schrecklich gedrückt".[205] Finden sich in Tagebucheintragungen und Korrespondenzen derartige Stimmungsbeschreibungen über einen langen Zeitraum, wird man wohl – bei aller Vorsicht – annehmen können, dass damit das klassische Bild der klinischen Depression zutage tritt. Die Leiden mancher Aristokratinnen wurden von ihren Zeitgenossen oft umschrieben mit „tiefer Schwermut", „aus der man nicht mehr geheilt" werden konnte[206] – was doch als Hinweis auf schwere Depressionen gelten darf.

Aus heutigem Blickwinkel (und mit dem heutigen Wissen über diese Krankheit) betrachtet, erfüllten sich bei vielen Damen der Ersten Gesellschaft doch sämtliche Kriterien für die klassischen Auslösefaktoren einer Depression: die fehlende Autorität über das eigene Leben; die Unmöglichkeit, selbst zu bestimmen, welchen Weg man einschlagen will, ob Selbstversorgung oder die klassische Versorgung durch eine Ehe. Viele führten ein Leben, das einzig nach den Erwartungen anderer gelebt wurde: der Erwartung der Eltern, den von ihnen gewünschten Mann zu ehelichen; der Erwartung des Mannes, eine Ehefrau zu haben, die sich ihm vollkommen anpasst; den hohen Erwartungen des eigenen Standes, immer würdevoll und ohne Gejammer über jede schlimme Situation erhaben zu sein. Die Ansprüche an die Frauen waren streng. Persönliche Schicksalsschläge sollten klaglos und mit Würde getragen werden. „Mit der Würde der damaligen Damen ertrug die Tante, dass sie keine Kinder bekommen konnte und war ihrem Mann eine treue Gefährtin",[207] schrieb etwa Alois Auersperg. Die Gefühle hinter diesen menschlichen Tragödien und Enttäuschungen mussten Frauen für sich behalten und mit sich selbst ausmachen. Nach außen hin mussten sie stets perfekt „funktionieren" – im Innern wurden viele krank. Enorm viele Briefstellen deuten auf psychosomatische Erkrankungen hin.[208] Klassisch stressbedingte Erkrankungen wie Gürtelrose, wiederkehrende Hautausschläge, Migräne oder Magengeschwüre lassen vermuten, dass hinter der Fassade einer Dame voller Contenance oft ein enormer innerer Druck herrschte.

Das größte Problem und gleichzeitig der häufigste Auslöser von Depressionen war aber die Situation, dass Frauen keinerlei Möglichkeiten hatten, ihre Lebensweise zu ändern. Eine Frau konnte weder aus einer Ehe, die sie innerlich zerstörte, aussteigen (wenn auch manche Frauen sich zumindest räumlich von ihren Männern trennen konnten) noch sich aus einer Umgebung, die sie krank machte, zurückziehen. Frauen konnten weder ihre Lebensform grundlegend ändern noch sich der Gesellschaft entziehen. Sie konnten ihren Bekanntenkreis nicht ändern oder ein selbstbestimmtes Leben nach eigenen Vorstellungen führen. Hart war auch, dass Frauen nicht einmal die Möglichkeit hatten, all diese Belastungen außer durch das Schreiben von Tagebüchern zu kompensieren.

Erst wenn Frauen (aber auch Männer) psychisch derart krank waren, dass sie in Sanatorien behandelt werden mussten, stellte man sich der Tatsache, dass auch seelische Krankheiten ernst zu nehmen waren – zumindest aber nicht negiert werden konnten. Aber auch in Fällen, wo Frauen unter ärztliche Betreuung gestellt wurden, sprach man lange nur von „Nervositäten". Wenn jedoch nach monatelanger Verharmlosung einer Krankengeschichte plötzlich (oder endlich) von „Verfolgungswahn" oder „Wahnsinn" gesprochen wurde,[209] ließ sich die Schwere der seelischen Erkrankung endlich erahnen, aber auch die vorherige Verdrängung. Worum es sich bei schweren Fällen wirklich gehandelt hat, ob um Psychosen, schwere Depressionen, Schizophrenie, um Burn-out, ist nicht mehr zu eruieren. Da die Diagnose „Wahnsinn" für die um die Jahrhundertwende häufig vorkommende Hysterie genauso leicht verwendet wurde wie für schwere Persönlichkeitsstörungen, schwere melancholische Gemütszustände sowie Selbstmörder,[210] ist es heute kaum mehr möglich zu erfahren, bei welchen Fällen es sich um klassische Geisteskrankheiten gehandelt hat und welche Zustände die Folgen schwerer Depressionen waren.

Die vielen Hinweise auf Depressionen in den Quellen – von leichten melancholischen Anwandlungen bis zu schweren psychischen Störungen – zeigen auch die Schattenseiten einer Zeit und einer Gesellschaft, in der die persönliche Zurücknahme von Wünschen, Gefühlen und Erwartungen oberste Prämisse war, um auch die Erwartungshaltungen innerhalb des eigenen Standes zu erfüllen. Die vielbeschriebene und stets eingeforderte Contenance, die sicherlich für ein angenehmes soziales Miteinander wichtig war, war ebenso eine der Schranken, die Frauen daran hinderte (oder ihnen sogar verbot), ihren Ängsten, Erwartungen und Bedürfnissen gerecht zu werden beziehungsweise diese auch nur zu artikulieren und dadurch zu verarbeiten.

XI
Witwenschaft, Alter und Tod

Aristokratinnen im Alter – Kein Zwang zu ewiger Jugend und Schönheit – Die strengen „alten Weiber“ – Witwenschaft – Absicherung durch die Heiratsverträge – Eine geringere Stellung in der Familie – Strenge Trauervorschriften – Witwen in der Gesellschaft – Die letzte Phase des Lebens – Das Sterben, ein unaufgeregter Vorgang – Tod im Familienkreis – Die Verstorbene bleibt Teil des Hauses

Hatte eine Aristokratin ihre Töchter bereits gut verheiratet und hatten auch ihre Söhne, vornehmlich der Erstgeborene, schon Familien gegründet, wurde sie zu den Damen fortgeschrittenen Alters gezählt – selbst wenn sie kaum erst das vierzigste Lebensjahr erreicht hatte. An ihrer persönlichen Lebensführung änderte sich auch nichts, wenn das letzte Kind das Heim verlassen hatte, um eine eigene Familie zu gründen. Denn die Pflichten blieben dieselben: die Erfüllung der repräsentativen Aufgaben für das Haus, die gesellschaftlichen Pflichten mit Besuchen und Einladungen, die Führung des großen Haushalts, die Aufsicht über und die Obsorge für die Bediensteten.

Selbst bei Aristokratinnen, die bereits das hohe Alter erreicht hatten, gab es in der Regel weder Rückzugswünsche noch Vereinsamung. Auch als alte Damen waren Aristokratinnen weiterhin selbstverständliche Mitglieder der Gesellschaft. Sie wurden weder sozial unsichtbar, noch betrachtete man sie als Bürde, die es galt mitzuführen – die Ansicht, dass ein ausgefülltes Sozialleben das Privileg der Jugend sei, kannte man noch nicht. Auch der Jugendwahn war in ihren Kreisen unbekannt. Eine Frau, die ihre traditionellen Aufgaben als Frau erfüllt und für Nachkommen gesorgt hatte, erfuhr Respekt und Achtung. Sie musste weder ewig jung noch ewig schön sein, um ihre gesellschaftliche Stellung zu halten, denn sie hatte sie durch ihre Geburt, ihre Heirat und im besten Fall ihre Stellung als Mutter des nächsten Familienchefs.

Für Aristokratinnen brachte das Alter außer eventuellen körperlichen Schwächen keinerlei Einbußen, zumindest nicht in ihren

Gräfin Louise Clam-Martinic, hier als reife Frau.
Die Familie Clam-Martinic gehörte zu den ältesten Familien des böhmischen Adels, um 1890.

sozialen Beziehungen. Fast scheint es, als ob das Alter noch eine zusätzliche Aufgabe für die Frauen bereithielt. Denn sie wurden mit zunehmendem Alter immer mehr zu strengen Hüterinnen der althergebrachten Ordnung. Nun konnten sie es sich auch erlauben, ihre Umgebung zu kritisieren, sich über gewisse Konventionen der Höflichkeit hinwegzusetzen. Sie mussten nicht mehr jedermann gefallen.

So dürfte ein gewisses Alter den Frauen auch gewisse Freiheiten gewährt haben. Denn nun waren sie nicht mehr wie als junge Komtessen dem Urteil der älteren Damen unterworfen, nun waren sie es, die sich freimütig, und ohne Konsequenzen fürchten zu müssen, in der Gesellschaft bewegten. Aufgrund ihrer hohen Stellung, der Tatsache dass sie alle ihre Pflichten erledigt und genügend Erfahrung hatten, um nicht mehr schüchtern zu sein oder

Fürstin Marie Kinsky, geborene Prinzessin Liechtenstein, als Witwe. Marie Kinsky war eine der einflussreichsten Frauen der Aristokratie. Tochter des enorm reichen Fürsten Karl Liechtenstein, Schwester des Obersthofmeisters Rudolf Liechtenstein. Unangefochten in ihrer familiären Stellung als Frau des Familienchefs hatte sie ihre Töchter exzellent verheiratet und ihren Söhnen bedeutende Positionen am Wiener Kaiserhof verschafft, 1904.

sich einschüchtern zu lassen, waren sie nun selbstbewusst (und selbstbewusster als je zuvor). Sie beobachteten die Jüngeren mit Argusaugen, bereit jegliches Fehlverhalten zu sanktionieren und weiterzuerzählen. Nicht wenige kosteten diese neue Macht aus. Von alten Damen wurde nicht erwartet, dass sie sich freundlich-demütig zurückhielten. Viele wurden nun zu unduldsamen Standesgenossinnen und nahmen sich die Freiheit, all das einzufordern, was sie in ihrer Jugend an Zugeständnissen an die Konvention hatten machen müssen.

Waren mehrere dieser alten und strengen Damen an einem Ort, hieß es auf der Hut sein. Eine junge Aristokratin, die mit der

Auch Frauen fortgeschrittenen Alters nahmen an den Jagden teil.
Hier Gräfin Ludwiga Stadion und Gräfin Anna Harrach, 1906.

Hofschauspielerin Katharina Schratt befreundet war und sich aus dieser Freundschaft eine Nähe zum Kaiser erhoffte, quartierte sich einmal in deren unmittelbarer Nähe in Ischl ein – um sie möglichst oft zu besuchen und dabei vielleicht dem Kaiser zu begegnen. Der jungen Frau war jedoch nicht bewusst, dass sich in ihrer unmittelbaren Nähe eine Clique älterer Aristokratinnen ebenfalls zum Sejour einfand, die nun natürlich genau beobachteten, wie intensiv ihr Kontakt mit der Schauspielerin war. Kaiser Franz Josephs Obersthofmeister, der alles höchst amüsiert beobachtete, darüber: „Diese Courage, mitten hinein in die alten Weiber, die sie ordentlich zerzausen werden!“ [211]

Natürlich waren die alten Damen der Aristokratie nicht nur unduldsame Kritikerinnen. Sie waren es auch, die Familientraditionen aufrechterhielten, die Erinnerungen an die Großeltern und Urgroßeltern am Leben erhielten. Und die Geschichten von früher erzählten, als noch der alte Kaiser Franz am Leben war, oder später dann, wie fröhlich es am Hof des blutjungen Kaisers Franz Joseph zuging. Die meisten waren auch hingebungsvolle Großmütter, die ihren Enkeln schöne Sommermonate auf ihren

Im Wissen um die Unauflösbarkeit der Ehe bemühte sich der katholische Adel sowohl bei Liebesheiraten als auch bei arrangierten Ehen oft bis ans Lebensende um ein harmonisches Miteinander.

Schlössern bereiteten – wovon diese oft noch schwärmten, wenn sie selbst bereits ein hohes Alter erreicht hatten.[212]

Solange der Ehemann am Leben war, führte eine Frau auch im Alter ein Leben wie zuvor. Verstarb ihr Mann, führte dies zu bedeutenden Änderungen. Denn nun hatte sie erstens keinen Zugriff mehr auf das Familienvermögen; dieses ging nun entweder an den Sohn oder im schlimmsten Fall, bei Kinderlosigkeit, an einen Neffen. Zweitens änderte sich in der Regel auch die Wohnsituation. Nun traten die strengen Heiratsverträge in Kraft – denn wie es um die Frau in der Witwenschaft bestellt sein würde, hatte man schon vor langer Zeit streng geregelt. Schon in den Heiratskontrakten wurde festgeschrieben, wie hoch dereinst die Witwenapanage der Braut sein würde. Und dieser Betrag wurde nun vierteljährlich ausbezahlt. Die Apanage sollte alle persönlichen Ausgaben der Witwe decken, für die Fixkosten des Unterhalts kam die Familie auf. Im Vergleich zu ihren vorhergehenden Situationen scheinen die finanziellen Modalitäten der Witwen relativ bescheiden:

Fürstin Eleonore Schwarzenberg etwa hatte laut Heiratsvertrag für den Fall ihrer Witwenschaft lediglich Anspruch auf eine

Fürstin Josefine „Josl“ Trauttmansdorff-Weinsberg, eine der führenden Aristokratinnen, einflussreiche Dame der Gesellschaft und Stifterin vieler „guter“ Partien in ihrer Familie. Hier eine Aufnahme im fortgeschrittenen Alter, um 1900.

Wohnung in einem der fürstlichen Häuser (davor konnte sie als Ehefrau des Familienchefs frei wählen, welches der zahlreichen Schlösser und Palais sie zu bewohnen wünschte). Und selbst hier konnte es laut Vertrag noch Einschränkungen geben, denn wenn der neue Familienchef sie in keinem seiner Schlösser haben wollte, musste er ihr einfach nur eine standesgemäße Wohnung mieten – man konnte eine Witwe also relativ leicht aus ihrer gewohnten Umgebung wegweisen. Außerdem hatte die Fürstin Schwarzenberg noch Anspruch auf zwei Paar Pferde und zwei Wagen für ihre Mobilität, zusätzlich jährlich 8.000 Gulden an Witwenapanage.[213]

Die reichen und mächtigen Familien ließen sich die vertraglich vereinbarten Witwenrenten ihrer Töchter vor der Heirat nota-

Eine Gräfin Thun im hohen Alter bei der Handarbeit im Freien, um 1890.

riell absichern. Damit die Frauen im Fall einer Überschuldung der Güter oder gar eines Konkurses nicht plötzlich ohne Rente waren, ließ man sich manchmal Herrschaften als „Spezialhypothek" grundbuchlich absichern.[214] Einen Teil der Besitzungen ließ man ins Grundbuch als Absicherung der Witwe eintragen, so dass auch künftige Erben keine Möglichkeit hatten, der Witwe – durch Verkauf oder Belehnung des Familienvermögens – ihre Versorgung zu verweigern.

Wurde eine Frau bereits in sehr jungen Jahren Witwe, konnte ihre finanzielle Verschlechterung oft noch durch ihre Herkunftsfamilie abgemildert werden. Vor allem, solange der Vater lebte, konnte er seine Töchter finanziell verwöhnen; auch die väterlichen Besitzungen konnten nach Belieben benutzt werden. Tra-

Gräfin Waldstein in einer Witwen-Festrobe aus kostbarem Stoff, mit elegantem Witwenhut und Schmuck, um 1900.

gisch wurde es, wenn auch der Vater einer jungen Witwe starb, im schlimmsten Fall, ohne in seinem Testament Vorkehrungen für ihre weitere Versorgung getroffen zu haben. Denn zumindest jene Besitzungen und Wertgegenstände, die nicht Teil des Fideikommisses waren, konnten frei vererbt und somit auch Frauen vermacht werden. Fürstin Fugger über den plötzlichen Tod ihres Großvaters, der nach dem Tod des Vaters für Tochter und Enkel gesorgt hatte: „Großpapa war vom Tode überrascht worden und hatte indessen für unsere materielle Lage nicht in der Weise vorgesorgt, als er es hätte tun können ... schweren Herzens verließen wir die uns so lieb gewordenen Schlösser.“ [215]

Eine Witwe musste sich nun mit einer neuen finanziellen Situation auseinandersetzen, wenn auch in der Praxis der Lebensstandard freilich erhalten blieb. Was sie jedoch definitiv verlor, war die Möglichkeit, frei zu wählen, wo sie Aufenthalt nehmen wollte. Darüber entschied nun der Nachfolger ihres verstorbenen Ehemannes.

Witwen mussten sich auch mit der Tatsache anfreunden, nun eine kleinere Stellung in der Familie einzunehmen. Der Rang des Mannes innerhalb der Familie hatte stets auch ihre eigene Stellung definiert – nach seinem Tod hatte sie genau genommen keine konkrete Stellung mehr in ihrer eingeheirateten Familie. Sie war einfach nur Witwe und hatte als solche eine Sonderstellung außerhalb der klassischen familiären Rangordnung.

Für Witwen gab es strikte Vorschriften, wie lange zu trauern war. Drei Monate galt tiefe Trauer, die Witwe musste vollständig schwarz gekleidet sein und schwarze Kreppschleier tragen. Die nächsten drei Monate war die Zeit der Halbtrauer, das heißt, Frauen trugen gedeckte Farben mit schwarzen Einsätzen. In den ersten Monaten der Trauerzeit durften keine Theater, Bälle oder sonstige Veranstaltungen besucht werden; der Besuchsverkehr hatte sich auf die engste Familie zu beschränken, auch sollte man es unterlassen, Freunde und Bekannte zu sehen. In manchen Familien wurde die Trauer derart streng eingehalten, dass man für die nachmittäglichen Spaziergänge nicht wie gewöhnlich im ersten Bezirk promenierte, sondern an den Stadtrand fuhr, um nur ja keine Bekannten zu treffen, während der Trauerzeit.[216]

Tiefe Trauer hieß, zu Hause zu bleiben, keine Reisen zu tätigen. Reiste man dennoch, wurde es eifrig beklatscht.[217]

Die Familie versuchte in der Regel, die vereinsamte Witwe, die auf jegliche Unterhaltung verzichten musste, aufzuheitern. Geschwister arrangierten Mittag- und Abendessen, zu denen zusätzliche Freunde und Bekannte der Familie eingeladen wurden, damit es nicht allzu still um die Witwe wurde und sie ein wenig Abwechslung hatte.[218]

Sobald die Trauerzeit abgelaufen war, konnten Witwen am gesellschaftlichen Leben wieder teilnehmen – was für junge Witwen wichtig war. Denn diese hatten doch noch die Chance auf eine Wiederverheiratung, im Gegensatz zu Witwen sehr hohen Alters, die praktisch immer bis an ihr Lebensende allein blieben. Doch auch als hochbetagte Witwe konnte man durchaus noch seinen Spaß haben – man musste nur seinen Salon öffnen, kleinere Abendgesellschaften organisieren und eine beliebte und begabte Gastgeberin sein. Allzu geschäftig sollten Witwen allerdings nicht sein; sonst wurde schnell über sie hergezogen: „Die alten Weiber P. M. (Fürstin Pauline Metternich, Anm.) und Rosa (Fürstin Rosa Hohenlohe-Bartenstein, Anm.) geben noch immer Feste!“[219] So der Kommentar eines Standesgenossen über die beiden fröhlichsten und aktivsten Witwen der Wiener Hofgesellschaft.

Die letzte Phase des Lebens musste für betagte Aristokratinnen und alte Witwen also nicht zu einer einsamen Zeit werden – die Frauen hatten bis ans Lebensende die Möglichkeit, aktiver Teil ihrer Gesellschaft zu sein. Der starke Familienzusammenhalt und die hohen sozialen und gesellschaftlichen Ansprüche in der Aristokratie führten eben zu dem an sich erfreulichen Umstand, dass alte Familienmitglieder nicht vereinsamten. Sie waren weiterhin Teil des täglichen Lebens, man respektierte und achtete sie; und man sah es als Verpflichtung, ihnen die Stellung zu sichern, die sie stets innehatten.

Nun machten sich auch die strengen gesellschaftlichen Verpflichtungen bezahlt, denen man stets nachkommen musste. Wer sein Leben lang andere besucht hatte, wurde nun auch besucht. Wer sein Leben lang daran gewöhnt war, mit anderen zusammen zu sein, und den Umgang mit anderen als Pflicht sah – unabhängig von der jeweiligen persönlichen Stimmung, der neigte auch nun nicht dazu, sich im Alter melancholisch zurückzuziehen. Auch die hohe Selbstdisziplin der Frauen, von Kindheit an anerzogen, half nun, das Alter und alle damit einhergehenden körperlichen

Familie Schwarzenberg; Großeltern waren oftmals wichtige Bezugspersonen für ihre Enkel und wussten, was Kinderherzen Freude bereitet, um 1905.

Beeinträchtigungen zu ertragen. Man jammerte nicht, ließ sich nicht gehen, war hart zu sich selbst, ertrug Schmerzen und Abnützungserscheinungen des Körpers ohne Klagen. Man erfüllte auch weiterhin seine gesellschaftlichen Pflichten, die einen stets mit anderen zusammenbrachten ... All das bewahrte die Frauen vor dem Abdriften in melancholische Einsamkeit.

Das Lebensende, das Sterben beging man in der Regel genauso unaufgeregt, wie man seine Pflichten gelebt hatte. Der Tod gehörte zum Leben und war weder tabuisiert, noch wurde er verdrängt. Ihre tiefe Eingebundenheit in die Religion und der Glaube an Gott erleichterten den Frauen den Umgang mit dem Lebensende und gaben ihnen die Hoffnung auf die Aufnahme in das Himmelreich.

Das Sterben fand noch im Kreis der Familie statt, oft sogar im Kreis der gesamten Hausgemeinschaft. Jedes Familienmitglied, auch langjähriges Personal nahm persönlich Abschied vom Sterbenden. Starb der Familienchef eines großen Hauses, defilierten sämtliche Menschen, die in seinem Einflussbereich lebten, sogar die Diener und das Forstpersonal, durch das Sterbezimmer und nahmen Abschied. Der Tod eines Familienmitglieds, aber auch der Sterbeprozess selbst, wurde als natürlicher, zum Leben einer Familie gehörender Prozess betrachtet und war weder verdrängt noch ausgelagert wie heute.[220]

Über den Tod von Freunden und Bekannten wurde in den Korrespondenzen ausführlich und genau berichtet. Man schilderte detailliert die letzten Tage und Stunden des Verstorbenen,[221] berichtete über die Schmerzen und letzten Versuche des Körpers, doch noch zu kämpfen, sprach von den Tränen und Schwierigkeiten der Familie, loszulassen. Man hoffte für den Sterbenden und war doch dankbar, wenn ein gnädiger Tod einen lieben Menschen endlich erlöste: „Endlich ist die arme Gräfin Neipperg gestorben, Ihr Todeskampf hat Tage lang gedauert.“[222]

Die persönliche Habe einer Verstorbenen wurde im großen Familienkreis aufgeteilt. Man hielt sie in guter Erinnerung und gab ihr Wissen um die Traditionen an die Enkel weiter.[223] Sie gehörte nun zu jenen Familienmitgliedern, die bereits verstorben, jedoch immer noch spirituell Teil des Hauses waren – nicht mehr in der Gegenwart als Bindeglied zwischen Einst und Jetzt, sondern nunmehr als eine von jenen, die dazu beigetragen hatte, dass die Traditionen und Werte der Familie auch in die Zukunft weitergetragen wurden.

XII
Nach dem großen Krieg – das Ende des Adels in Österreich

Der Erste Weltkrieg – Der Krieg aus der Perspektive der Frauen –Nahrungsmittelknappheit und Luxus bei der Aristokratie – Kriegsende 1918 – Die Angst vor Plünderungen – Das Ende der Donaumonarchie – Revolution auf Österreichisch – 1919: Die Republik Deutschösterreich hebt den Adel auf – Es traf die Falschen – Die finanzielle Situation des Adels – Der Adel muss sich nun der Arbeitswelt stellen – Die neue Gesellschaft: die „Stinkeria" – Heiratsverhalten in der Republik – Der Zwang ein standesgemäßes Leben zu führen wird schwächer – Was bleibt?

Mit dem Ersten Weltkrieg brach die alte Ordnung der Donaumonarchie zusammen. Schon bei Österreichs Ultimatum an Serbien ahnte ein Teil der Aristokratie, dass die Monarchie weder einen großen Krieg überleben, noch dass ein Stein auf dem anderen bleiben würde. Der Schwager des ermordeten Thronfolgers Franz Ferdinand schrieb am 21. Juli 1914, kurz vor der Kriegserklärung Österreichs an Serbien in sein Tagebuch: „Ein 84 jähriger muß dem kläffenden Serbenhund die Zähne zeigen au risque einen Weltenbrand zu Ehren Österreichs heraufzubeschwören."[224]

Der Weltenbrand zog herauf und der Krieg forderte seine Opfer, auch beim Adel. Alle wehrfähigen Männer wurden eingezogen. Die Aristokraten, bis auf die Familienchefs fast alle Militärs, zogen in den Krieg, und damit, wie so viele, dem Tod entgegen. In den Lazaretten gab es keine Rangunterschiede mehr, Kriegsopfer gab es am unteren wie am oberen Ende der Gesellschaft.

Frauen erlebten den Krieg aus einer anderen Perspektive. Sie standen nicht in den Schlachtgräben, sondern in den Lazaretten. Viele Aristokratinnen halfen als Rotkreuzschwestern aus.[225] Erfahrene, ältere Frauen ebenso wie blutjunge, unverheiratete Komtessen. Die Zäsur, die der Krieg in den Alltag der Komtessen brachte, konnte nicht größer sein. Eben erst waren sie die überbehüteten Mädchen gewesen, die mit einem Mann allein nicht einmal im Zimmer bleiben durften, und die über den männlichen Körper

Die bildhübsche Komtess Therese Lazansky. Ein schönes Foto, das die Ballmode gegen Ende der Monarchie zeigt, 1912.

nichts wussten. Und nun wuschen und pflegten sie halb zerfetzte Männerkörper, hielten Leibschüsseln und standen manch Sterbendem in seinen letzten Stunden bei. Die jungen Frauen dieser Generation wurden schnell erwachsen, die Zeit, Mädchen unwissend und naiv zu halten, war vorbei.

Neben all dem Elend und den Verlusten, veränderte der Krieg natürlich auch die privaten Pläne der jungen Frauen – denn der Heiratsmarkt brach völlig zusammen. Ganze Jahrgänge heiratsfähiger Frauen hatten kaum mehr Möglichkeiten, einen geeigneten – und unversehrten – Mann zu finden. Marie Hohenlohe: „Aber Männer werden immer rarer! Nur Pflegeschwestern finden sie in den Spitälern, in der ganzen Hilflosigkeit menschlichen Jammers.“ [226]

Die Kriegsjahre und die mit Fortdauer des Krieges immer größer werdende Nahrungsmittelknappheit erlebte der Adel unterschiedlich. Wie es aristokratischen Familien während des Krieges finanziell erging, ob sie genug Lebensmittel für sich und ihre Hausgemeinschaft hatten, oder ob sie gar weiterhin einen gehobenen Lebensstandard führen konnten, hing davon ab, wo ihre Güter lagen. Familien deren Güter etwa sehr weit östlich lagen, in Gebieten des heutigen Russland, spürten recht bald einen finanziellen Engpass. Denn diese Besitzungen wurden mit der Russischen Revolution vom neuen Staat eingezogen, was den Familien zum Teil die Einkommensgrundlage, oder zumindest große Teile davon entzog. Der böhmisch-mährische Adel hingegen konnte über einen drastisch gesenkten Standard nicht klagen, auch die Versorgung dürfte bis zum Kriegsende funktioniert haben. Der Lebensstandard dürfte bei den reichen Familien des böhmisch-mährischen Adels relativ hoch geblieben sein. Die Haushaltsbücher der Familie Kinsky aus den Jahren vor und bis zum Ende des Weltkrieges zeigen keinerlei Einschränkungen. Die exquisiten Einkäufe blieben bis zum Ende des Krieges gleich. Man bezog Fleisch und Wurst weiterhin vom besten und teuersten Fleischhändler, dem k.u.k. Hoflieferanten Weisshappel, exquisiten Wein aus dem Hofkeller, und konnte sich auch sonst weiterhin seinen kleinen, alltäglichen Luxus gönnen.[227]

Generell blieb der Adel durch den Besitz von Acker- und Forstland von Hunger verschont, wenn es auch mit Ende des Krieges zunehmend schwieriger wurde, die oft zahlreichen Hausbediensteten, das Wirtschafts- und Forstpersonal bei gleichbleibendem Standard zu ernähren. Landgüter garantierten immerhin ein Mindestmaß an Nahrungsmitteln, außerdem kümmerten sich die Bediensteten wenig um die behördlichen Verordnungen zur Nahrungsabgabe. Wenn man etwa illegalerweise Vieh schlachten wollte, das eigentlich abgegeben werden musste, wurde keine Behörde um ihren Sanktus gebeten (die wahrscheinlich bei der bloßen Anfrage das Vieh augenblicklich beschlagnahmt hätte), sondern die adeligen Dienstgeber – man wollte sich ja absichern. Marie Hohenlohe kommentierte sarkastisch: „Das geht noch patriarchalisch zu!“ [228] Beim Essen musste der Großteil der Aristokratie noch nicht sparen, eher bei der Schlossbeleuchtung, bei Luxusartikeln[229] – freilich mit einigen Ausnahmen.

Erst gegen Ende 1918 setzte auch auf vielen adeligen Landgütern der Hunger ein: „Wir fristen unser Leben recht knapp – jetzt sind uns die Kartoffel ausgegangen“,[230] schreibt etwa Marie Hohenlohe über sich und ihre Bediensteten. Der Hunger führte auch zu Spannungen zwischen den adeligen Grundbesitzern und ihren Angestellten: „Die Tage fliesen (sic!) einförmig dahin, nur bewegt, ob Mehl oder Kartoffel in der nächsten Zeit herbei zuschaffen sind! Das gerät an die Nerven, besonders das Gejammer der Leute, denn der Magen aigriert die sonst treuen Gemüter. Was mir genügt, genügt ihnen lange nicht, und der Geist der Zeit beherrscht sie auch, denn sie fühlen sich zu dreisterem Verlangen berechtigt, als sonst der Fall wäre.“ [231]

Die Kapitulation Österreichs im Herbst 1918 beendete zwar den Krieg, nicht aber die Angst vieler Aristokraten vor Plünderungen und Brandstiftung. Auf dem Land bildeten sich vom Adel unterstützte Bauernwehren, um die zurückkehrenden, plündernden Truppen abzuhalten.[232] Denn beim Rückzug der Truppen kam es zu Plünderungen einiger Schlösser und so mancher tief sitzende Hass gegen den Adel brach nun hervor: „Ich höre, dass der Mob an Andrassy grausame Vergeltung geübt hat. Er ist ein großer Sammler, besonders Bibliophile u. hatte in seinem Schloss seltene Werke angehäuft. Das wurde gründlich geplündert u. nachdem man sich alles Verwendbare angeeignet hatte, verfiel man darauf die Haufen Bücher mit denen man nichts anzufangen wusste, in den Fluss zu werfen, Sie wurden nicht einmal dazu verwendet ein kostbares Feuer anzuzünden, sondern zerflossen im Wasser.“ [233]

Die hübschen Töchter der Gräfin Thun-Lobkowitz.
Die letzte Komtessen-Generation vor dem Krieg, um 1912.

Im November 1918 wurde die Republik Deutschösterreich ausgerufen – Kaiser Karl ging unfreiwillig ins Exil, begleitet nur von einigen wenigen Getreuen. Die Allianz aus Herrscherhaus und Aristokratie hatte Risse bekommen. Eine unhinterfragte, bedingungslose Treue des Adels zum Kaiser, jenseits aller politischer Differenzen, wie es bei Kaiser Franz Joseph noch selbstverständlich war, gab es nicht mehr.

Revolution ging dem Systemwechsel keine voran, auch wenn der Großteil des Adels einen kommunistischen Umsturz befürchtet hatte.[234] Es gab zwar Hungerdemonstrationen und Demonstrationen der Arbeiterschaft, sowie vereinzelte Versuche, Aufruhr auf den Straßen anzuzetteln – der revolutionäre Funke sprang in Wien, dem Sitz der politischen Veränderung, nicht über, eher könnte man von einer Selbstauflösung des deutschen Teiles der Donaumonarchie sprechen.

Die Wiener arrangierten sich mit den zaghaften Versuchen, durch Demonstrationen Aufruhr auszulösen, ohnehin auf ihre Art: ohne große Aufregung, vor allem aber mit dem berühmten „Schmäh“. Ein Zeitzeuge: „Da kam ich öfter in solche Demonstrationen, welche aus den Außenbezirken kommend, die Ringstraße heruntertobten. Einmal flüchtete ich in einen dort stehenden Tramwaywagen. In diesem übernahm ein Herr das Kommando: „Die Damen an die Fenster, damit sie uns keine Steine hineinwerfen!“Die beherzten Wienerinnen folgten dieser Aufforderung und die Demonstration zog kavaliersmäßig an uns vorüber.[235]

Selbst bewaffnete Übergriffe von Sozialrevolutionären auf konservative oder andere Institutionen verliefen auf wienerisch-halbherzige Art im Sand. Alois Auersperg berichtet von folgender Begebenheit: Der bekannte Journalist Egon Erwin Kisch, ein bekennender Austromarxist, stürmte mit seinen Mannen die Redaktion der christlich-sozialen „Reichspost“. Dort beschäftigt war sein Bruder, von dem er sogleich die Schlüssel für Archiv und Tresor verlangte – unter Androhung, das Gebäude sonst mit Gewalt zu plündern. Der Bruder erklärte sich ob der revolutionären Drohung überwältigt und übergab dem Bruder die Schlüssel, allerdings nicht ohne die seinerseitige Drohung: „Da hast du die Schlüssel, aber ich schreib’ darüber alles der Mama!“ Der revolutionäre Kisch verließ darauf angeblich wortlos die Redaktion.[236] (Lesern von Friedrich Torbergs „Tante Jolesch“ wird diese berühmte Anekdote allerdings ein wenig anders in Erinnerung sein. Bei Torberg stürmt nämlich Kisch mit seiner Roten Garde das Gebäude der liberalen „Neuen freien Presse“, was wahrscheinlicher sein mag ... Wie auch immer – am Ende steht auch hier die Kapitulation vor der mütterlichen Autorität.)

Für den Adel bedeutete das Ende der Habsburgermonarchie eine Katastrophe, er überlebte sein Herrscherhaus um nur knappe fünf Monate. Monarchie und Adel – das war für die junge Republik und ihre Anhänger eins. Und auf beides wollte sie verzichten. Das Gesetz vom 3. April 1919 hob den Adel in Österreich auf.[237] Die Konstituierende Nationalversammlung hielt hohes Gericht über den Adel – und der fand kaum Verteidiger. Der Sozialdemokrat Karl Leuthner etwa donnerte im Parlament: „Ist es nicht vielmehr so, dass diese glorreichen Grafen- und Fürstennamen wahre Schandsäulen in der Geschichte der Ausbeutung der Menschen bedeuten?“ [238] Andere, weniger pathetische Abgeordnete wie Adelheid Popp appellierten an die Bevölkerung, endlich die „Ehrfurcht vor allem, was den Adelsnamen trägt“ abzulegen.[239]

Dass sich so mancher Adelige beklagte und darauf verwies, dass auch die Aristokratie ihre Opfer für das Vaterland gebracht hatte, dass in jeder Familie Männer im besten Alter gefallen waren, konnte die neuen Machthaber mit der alten Elite nicht versöhnen. Der Adel sah sich als Sündenbock der neuen Zeit: „Jedenfalls musste ein Prügelknabe her und das war der Adel. Als solcher und unter diesen Umständen war es nicht leicht, den neuen Staat als Vaterland anzusehen und überhaupt ein neues Dasein ins Auge zu fassen. Man war ebenso ‚vaterlandsloser‘ Staatsbürger hier, wie fast alle Verwandten in der neuen Tschechoslowakei oder Jugoslavien, wo immer sie ‚zu Hause‘ waren.“ [240]

Mit der formellen Abschaffung des Adels traf die Republik aber die Falschen. Der Hochadel reagierte zwar kühl bis bissig, im Großen und Ganzen aber relativ unaufgeregt. Berühmt wurde etwa Graf Adalbert Sternberg, der sich neue Visitenkarten mit der Unterzeile drucken ließ: „Geadelt von Karl dem Großen, entadelt von Karl Renner“. Getroffen hatte man – unbeabsichtigt – mit diesem Gesetz nämlich ganz andere: den verdienten Beamten- und Offiziersadel, den berühmten Briefadel. Für diese Menschen bedeutete das mühsam verdiente Adelsprädikat nämlich wesentlich mehr, als für den Hochadel. Nach jahrelanger, oft schlecht bezahlter mühevoller Tätigkeit als höhere Beamte oder beim Militär, hatten sie nach vierzig Dienstjahren zwar keine Aussicht auf eine glänzende Pension, aber zumindest auf eine, für alle ersichtliche, Belohnung für treue Dienste am Staat: das ersehnte kleine Adelsprädikat. Nun endlich durfte man sich das Prädikat „von“ zwischen Vor- und Nachnamen stellen. Das kleine Wörtchen hatte mehr Prestige als alles andere, mochte man auch mit kleiner Pension bescheiden über die Runden kommen, zumindest einen Titel hatte man, der Kaiser persönlich hatte ihn verliehen. Beamte und Militärs, nach dem Krieg ökonomisch ausgezehrt, sahen sich nun um das Einzige gebracht, das sie aus der Masse der anderen hervorhob, das Einzige, auf das sie in ihrem Berufsleben hinarbeiten konnten.

Am Nimbus des Hochadels kratzte das Gesetz hingegen kaum. Durften sich dessen Mitglieder zwar nun selbst nicht mehr als Graf oder Fürst betiteln, so sprachen ihre Namen doch weiterhin für sich. Die Schwarzenbergs, Hohenlohes, Sternbergs, Lobkowitz, Starhembergs und wie sie alle hießen, brauchten den Titel vor dem Namen nicht, um als „aristokratisch" erkannt zu werden. Ihre gesellschaftliche Sonderstellung konnte auch die neue Republik nicht schmälern. Die alten Namen erkannte jeder als das, was sie waren – die Namen der verdienten Staatsdiener hingegen gingen ohne Titel in der Masse unter. Der Briefadel fühlte sich betrogen. Er hatte lange und treu dem Staat gedient, nun wurde ihm seine einzige Belohnung weggenommen. Hier sollte sich eines der tief sitzenden Ressentiments gegen die junge Republik sammeln.

Das Gesetz zur Aufhebung des Adels in Österreich beendete dessen politische Vormachtstellung. Alle Vorrechte wurden aufgehoben: Der erbliche Sitz im Oberhaus des Parlaments für die alten Familien der Aristokratie war ab nun ebenso Vergangenheit wie das offizielle Führen eines Titels. Ebenfalls aufgehoben wurden die weltlichen Damenorden – die klassischen Versorgungsinstitute unverheirateter Aristokratinnen.

Die Republik nahm dem Adel die Titel und die althergebrachten Vorrechte, nicht aber den Besitz. Das, wovor sich Teile der Aristokratie am meisten gefürchtet hatten, eine Enteignung wie in Russland, trat nicht ein. Die Republik hob nicht einmal die Fideikommisse, die Stiftungen des Adels auf, die doch eine der klassischen Grundlagen der wirtschaftlichen Vormachtstellung der Aristokratie waren.

Die finanzielle Situation des Adels nach dem Ersten Weltkrieg und in der Republik lässt sich nicht auf einen Nenner bringen. Zu viele unterschiedliche und individuelle Faktoren machen eine prinzipielle Aussage schwierig. Natürlich gab es auch bei der Aristokratie wirtschaftliche Einbußen – das ist aber schon die einzige Verallgemeinerung, die möglich ist. Manche Familien verloren mehr, andere weniger. Manche führten weiterhin ein Leben, das die Bezeichnung „aristokratischer Lebensstil" verdiente, andere lebten in einem gehobenen, aber nicht mehr exquisiten Stil, und einzelne durften durchaus die Bezeichnung „verarmt" für sich in Anspruch nehmen.

Ein standesgemäßes Leben war in der Regel sowohl in Österreich, als auch in den Nachfolgestaaten der Monarchie für die meisten noch möglich – die Besitzungen hatten sich aber deutlich verändert. In den Nachfolgestaaten führten Bodenreformen zu einer

Schmälerung des Besitzes. Wer in den Gebieten Russlands Güter gehabt hatte, wurde gänzlich enteignet. Gebietsschmälerungen schmerzten auch dann, wenn sie finanziell gar nicht so sehr ins Gewicht fielen, weil etwa manche Besitzungen gar nicht genutzt wurden. Es ging um Grundsätzliches – Grundbesitz war wichtiger als Geld, er war der Gradmesser für Größe, Bedeutung, Einfluss einer ehemaligen Herrschaft: „Nun war die Mentalität unseres Standes, Stellung und Reichtum nicht von Geld, sondern von der Anzahl der Hektare zu messen.“ [241]

Als kaisertreue Untertanen hatten viele Aristokraten große Teile ihres Vermögens in Kriegsanleihen gesteckt, die nun wertlos waren, und die Inflation ließ etwaige Reste an Geld vollends schmelzen.

Manch aristokratische Familie war gezwungen, sich einzuschränken, manche musste sich von Teilen ihrer Habe trennen, um Fixkosten begleichen zu können. Viele Frauen verkauften ihr Familiendiadem, um die Kosten für Löhne, Apanagen und Steuern aufbringen zu können, und so mancher Juwelier erwarb zum Okkasionspreis Colliers und Diademe mit riesigen Steinen und Perlen. Geklagt wurde nicht, man hatte die neuen Zeiten anzunehmen, wie sie waren.

Doch auch jene, die finanziell nicht allzu viel verloren hatten und sich auch weiterhin einen prächtigen Lebensstandard leisten konnten, verzichteten aber auf viele äußere Attribute ihres Reichtums. Die imposanten Portiere der Adelspalais, mit ihren eindrucksvollen Livreen, verschwanden von der Bildfläche; sie traten nur mehr in Zivilkleidung auf und existierten zurückgezogen in ihren Portierlogen. Pompöse, rauschende Feste und riesige Diners wie zu Zeiten der Monarchie wurden auch nicht mehr gefeiert – angeblich waren die einzigen Wiener Palais, die nach dem Krieg offen blieben und wie ehedem Diners und Bälle gaben, die beiden Rothschildpalais.[242] Die Aristokratie fand es weder den neuen, wirtschaftlich angespannten Zeiten entsprechend, noch wollte sie den Sozialisten Nahrung geben; schließlich lebte im Adel weiterhin permanent die Angst vor einem kommunistischen Putsch.[243] Die Familienschlösser und Jagden blieben in vielen Fällen erhalten, doch „die alte Herrlichkeit war dahin“, wie ein Zeitzeuge traurig bemerkte.[244] Nicht alle Familien konnten ihren Besitz halten, manche mussten nach dem Ersten Weltkrieg ihre Palais verkaufen oder zumindest teilvermieten.

Die Schutzpflicht der Aristokratie gegenüber jenen, die wirtschaftlich von ihnen abhängig waren, blieb zumindest als persönlicher Anspruch erhalten. Bedienstete wurden weiterhin mitsamt ihren Familien unterstützt. Auch die Kinder der Angestellten wurden weiterhin in Lohn genommen. Das Personal wurde selbst dann gehalten, wenn die bisherigen Arbeitsgrundlagen gar nicht mehr existierten. So mancher Domänenrat, so mancher Verwalter blieb, obwohl nicht genug übrig war, um seine Arbeit finanziell zu rechtfertigen.[245] Diese Einstellung, auch im neuen Staat, und bei völlig geänderten finanziellen Grundlagen, seinen alten „Pflichten" den Bediensteten gegenüber nachzukommen, sollte nach dem Zweiten Weltkrieg in jenen Teilen Österreichs, die russisch besetzt waren (aber auch in den Nachfolgestaaten der Monarchie), belohnt werden: Denn nun waren es die Bediensteten, die sich bei den Besatzern für ihre ehemaligen Herrschaften einsetzten.

Nicht nur die finanziellen Grundlagen hatten sich geändert. Die neuen Zeiten brachten auch neue Ansprüche an die Mitglieder der alten Familien mit sich. Die Zeiten, als man sich als Nachgeborener eine – wenn auch kleine – Apanage auszahlen lassen konnte und sein Dasein mit ehrenvollen, aber wenig einträglichen Posten beim Militär und bei Hof verbrachte, waren unwiderruflich vorbei. Es galt nun, sich dem Leben in der freien Wirtschaft zu stellen, in Konkurrenz mit Nicht-Adeligen zu treten – etwas das in der Monarchie als zutiefst unstandesgemäß erachtet wurde. Mit Arbeit seinen Lebensunterhalt zu verdienen, wurde nun normal – wenn es auch für viele anfangs schwer war, sich an den harten Wind, der einem seitens der Konkurrenz im Arbeitsleben entgegenschlug, zu gewöhnen.

Alois Auersperg über die Schwierigkeiten des Adels in den neuen Zeiten, als der Adel, wie er sagte, „aus dem Nest gefallen war": „Man war materiell ganz selbstverständlich versorgt gewesen, man wurde ebenso selbstverständlich umworben, man hatte keine Ahnung von egoistischem und realistischen Denken, man hatte für die Untergebenen zu sorgen, der Umgebung, dem Staate und dem Herrscherhaus zu dienen, das auch alles ohne jegliche Pathetik – selbstverständlich. Für das praktische Leben hatte man nicht die geringste Vorbildung und Ahnung und für den Kampf ums Dasein nicht einmal Pfeil und Bogen."[246]

Das gesellschaftliche Leben in der jungen Republik veränderte sich grundlegend, die Gesellschaft wurde eine andere. Der Großteil der Aristokratie hatte sich zurückgezogen, man blieb unter sich und schottete sich von der „neuen“ Gesellschaft ab. Die High Society der zwanziger Jahre war eine Mischung aus Kriegsgewinnlern, Waffenproduzenten, die mit dem Krieg ein Vermögen verdient hatten, aufkommenden Stummfilmstars, aber auch verarmten Adeligen, die hofften, durch die Nähe zu den neuen Reichen, vielleicht ein lukratives Geschäft zu ergattern. Diese neue Gesellschaft bezeichnete der Adel als „gemischt“, was nichts weniger hieß als nicht adelig, nicht fein genug. Wie schon zu Zeiten der Monarchie waren die Frauen auch jetzt wesentlich kritischer, was Emporkömmlinge betraf, als die Männer. Ein geflügeltes Wort für die neue Schickeria war „Stinkeria“ – das sagte alles darüber aus, wie man die neue Gesellschaft beurteilte.[247] Selbst Aristokraten, die schon vor der Republik mit ihren eigenen Standesgenossen und deren Lebensweise sehr hart ins Gericht gegangen waren, fanden die neue Gesellschaftsspitze noch schlimmer als die alte. Marie Hohenlohe bemerkte einmal, dass diese neue Gesellschaft alle Fehler des alten Regimes ohne dessen Vorzüge habe, und schrieb bereits im Jänner 1919: „Alle Übelstände des alten Regimes scheinen jetzt verdoppelt.“[248]

Das gesellschaftliche Leben nach dem Krieg war für jene, die nicht alles verloren hatten, hektisch, ein Fest folgte dem anderen, und das Ganze glich einem Tanz auf dem Vulkan. Man gab das Geld mit vollen Händen aus, nicht wissend, ob nicht bald ein Umsturz drohte. Die Gesellschaft war so freizügig, aber auch so freisinnig wie nie zuvor; gesellschaftliche Konventionen wurden zunehmend verworfen. Knapp nach Kriegsende war das Unterhaltungsleben wieder voll im Gange, zu früh, wie manche meinten: „Theater und Kinos sind wieder eröffnet – die Wiener hungern lieber als dass sie die öffentlichen Vergnügungen entbehren.“[249]

Auch Mitglieder der Aristokratie – vorwiegend die jungen Männer – konnten sich diesem Strudel an Unterhaltung und Rausch nicht entziehen. In Wien entstanden Nachtlokale nach französischem Muster, in den Logen traf auch der Adel seine standesgemäßen Bekannten.[250] Die Jugend fand den Dauerreigen an Festen und seichten Vergnügungen herrlich,[251] die älteren Mitglieder des Adels kritisierten deren Oberflächlichkeit und sprachen gar von einem Niedergang der Hochkultur:"Die Zeiten sind vorbei, wo die Aristokratie das Burgtheater beherrschte in dem sie alle Sperrsitze in festen Händen zurückhielt. Sie bummelt lieber in die Operetten und kümmert sich wenig um das Burgtheater." [252]

Im Gegensatz zu den männlichen Mitgliedern des Adels hatten die Frauen freilich kaum Anteil an diesem neuen und lauten Gesellschaftsleben in Wien, sie blieben großteils in ihren Kreisen. Die Ehe galt nach wie vor als das erstrebenswerteste Ziel einer jungen Frau, das Heiratsverhalten veränderte sich jedoch auch bei den Frauen in der Republik. Denn die strikte Vorgabe, dass aristokratische Mädchen keine Männer aus anderen Gesellschaftsschichten heiraten sollten, wurde nicht mehr gar so rigoros gehandhabt, wenn es auch weiterhin lieber gesehen wurde, wenn Aristokratinnen in historische Familien einheirateten – in den Köpfen blieben die hohen Erwartungen an die Mädchen weiterhin verhaftet. Auch jetzt waren es wiederum die Frauen, die den traditionellen Heiratsvorgaben eher treu blieben als die Männer – beziehungsweise von Seiten der Familie mehr Druck hatten, standesgemäß zu heiraten.

Das gesellschaftliche Leben innerhalb der Aristokratie mit all seinen Riten wurde beibehalten, es wurde aber für Außenstehende leiser, weniger sichtbar, wenn auch in vielen Fällen nicht weniger exklusiv. Die alten Familien lebten freilich weiterhin jenes Leben, das sie kannten, die hohe Kunst des kultivierten Miteinanders wurde beibehalten, zelebriert. Man pflegte weiterhin den ritualisierten Umgang mit seinem Stand, behielt die Traditionen des Jour Fix, der Visiten.[253]

Was sich jedoch mit Ende der Monarchie änderte, war, dass man sich zum Teil über die starken gesellschaftlichen Verpflichtungen und den sozialen Zwang „standesgemäß" zu leben wesentlich leichter hinwegsetzte, als zu Zeiten der Monarchie. Es wurde leichter auszubrechen, alternative Lebensformen zu wählen. Auch hier taten sich die Männer wieder viel leichter, sich den Erwartungen der Elterngeneration zu entziehen, als die Frauen, die sich in der Regel weniger trauten, sich den an sie gestellten Erwartungen zu verweigern.

Mit dieser Darstellung der letzten Hoch-Zeit des adeligen Lebens in Österreich schließt dieses Buch. Nie mehr wieder konnte die Aristokratie in den folgenden Jahrzehnten jene gesellschaftliche Bedeutung erlangen, die sie bis kurz nach dem Ersten Weltkrieg einnahm. Die Nationalsozialisten hassten den katholischen Traditionalismus, den der Adel bis in die letzte Faser verkörperte und versetzten dem Stand etwa durch die Abschaffung der Fideikommisse (die die erste Republik dem Adel immerhin noch gelassen hatte) einen empfindlichen Schlag, der so manche ehemalige Herrschaft in ihrem Bestand bedrohte.

Und für die Wiederaufbaugeneration der Zweiten Republik galt der Adel viel mehr als Relikt einer unwiederbringlich verlorenen und verklärten „guten, alten Zeit“, denn als ein wirksamer gesellschaftlicher Faktor. Über Peter Alexander als schräger Graf Bobby konnte man zwar lachen, eine Sonderstellung wollte man dem Adel aber auch in der Zweiten Republik nicht (mehr) zugestehen.

Am Ende bleibt also zu fragen, was heute, bald 100 Jahre nach Ihrem Ende, noch von jener Welt geblieben ist, von der auf den vorstehenden Seiten, oft mit der Stimme ihrer Protagonisten, erzählt worden ist.

Das Schlusswort, vielleicht sogar die Annäherung einer Definition „aristokratischer“ Werte, soll einer Frau gehören, die noch knapp in jene untergegangene Welt hineingeboren wurde, und die durch ihr Auftreten dem Historiker auch heute noch einen Eindruck vermittelt „wie es denn so war“.

Fragt man Gräfin Maria-Antonia von Clam-Martinic, geborene Gräfin von Abensperg-Traun (Linie Petronell), was sie persönlich als das kulturelle Erbe einer aristokratischen Abstammung betrachtet, erhält man eine kurze Antwort, die alles beinhaltet, was über Jahrhunderte an Werten und Ansprüchen weitergegeben wurde. Gräfin Clam-Martinic: „Man benimmt sich einfach ordentlich.“[254]

Danksagung

Die Autorin bedankt sich bei:

Den Besitzern der Privatarchive für die Benutzungserlaubnis:
Fürst Hans Adam II. von und zu Liechtenstein (Sammlungen des Fürsten von und zu Liechtenstein), Karl Hohenlohe (Österreichisches Familienarchiv der Fürsten Hohenlohe-Schillingsfürst), DI Hans Hoyos (Gräflich Hoyos'sches Familienarchiv), Ernst Abensperg-Traun (Graf Abensperg und Traun'sches Zentralarchiv – Linie Maissau) sowie bei Maria-Antonia Clam-Martinic für das im Juni 2009 geführte Interview.

Folgenden Personen für die wissenschaftliche Unterstützung:
Dir. Dr. Kateřina Smutná und Dr. Tomáš Černušák (Mährisches Landesarchiv Brünn), Univ. Prof. Dr. Lothar Höbelt (Universität Wien),

Dr. Arthur Stögmann (Sammlungen des Fürsten von und zu Liechtenstein, Hausarchiv); Gabrielle Lobmeyr (Quellenauskünfte zur Familie der Fürsten Salm-Reifferscheidt-Raitz).

Glossar

Adoleszentenbälle: Privatbälle der Aristokratie, ausgerichtet für die Kinder und Heranwachsenden zum Erwerb der gesellschaftlichen Umgangsformen.

Apanage: Jährliche Ausschüttung aus dem Familienvermögen, die jedem Familienmitglied, je nach dem Rang in der Familienhierarchie, zur Verfügung stand.

Cercle: „Empfang bei Hofe", die kurze persönliche Ansprache mit der die kaiserliche Familie die Mitglieder der Hofgesellschaft bei einer höfischen Veranstaltung auszeichnete.

Damenstift: Weltlicher Orden, klassische Versorgungsinstitution für unverheiratete Aristokratinnen; Aufnahmebedingungen waren ein einwandfreier Stammbaum und Vermögen; die Stiftsdamen legten kein lebenslanges Keuschheitsgelübde ab, sondern konnten sich jederzeit verheiraten.

Épouseur: (von franz. *épouser*, „heiraten"); Bezeichnung für die ledigen Erben der großen und wohlhabenden Familien, die als die besten Heiratskandidaten galten.

Fideikommiss oder Familienfideikommiss: (lat. *fideikommissum*, „zu treuen Händen überlassen"), unveräußerliches und unteilbares Vermögen einer Familie; Form der generationenübergreifenden Vermögensbindung, die jeweils den erstgeborenen Sohn in den Besitz des Familienvermögens stellte.

Gotha, eigentlich **„Gothaischer Genealogischer Hofkalender":** Nachschlagewerk für sämtliche freiherrliche, gräfliche und fürstliche Häuser; erschien 1763–1942.

„Haus": Die Bezeichnung für ein adeliges Geschlecht, die symbolisch Vergangenheit, Gegenwart und Zukunft umfasst.

Herrenhaus: Die altösterreichische Version des engl. „House of Lords“, in dem die großen Adelsfamilien der Monarchie erbliche Sitze inne hatten und in welches verdiente Staatsbürger vom Kaiser auf Lebenszeit berufen werden konnten.

„Kartenwerfen“: Bezeichnung für ein Ritual, das Teil der aristokratischen Besuchskultur war; abgegebene Visitenkarten zeigten dem Bekanntenkreis an, dass man in der Stadt war, und demnach bald eine Visite abstatten würde.

Komtess, Comtesse: Bezeichnung für unverheiratete, junge Aristokratinnen.

Kotillon: (franz. *cotillon*, „Unterrock“) Gesellschaftsspiel in Tanzform mit Neckereien und Austausch von Geschenken. Der Kotillon war der Höhepunkt eines jeden Balles. Die Wahl der Tanzpartner hatte eine tiefere Bedeutung als bei anderen Tänzen. Tanzte ein Mädchen in einer Saison den Kotillon zweimal mit dem gleichen Tanzpartner, galt sie schon fast als verlobt.

Majorat: „Ältestenrecht“, Vorrecht des Ältesten auf das adelige Erbgut.

Ménage: (von franz. „Haushalt“): Bezeichnung für ein Ehepaar, zB. die (auch: das) „Ménage Liechtenstein“.

Neujahrscour: Traditioneller Neujahrsempfang in der Wiener Hofburg, zu der alle Aristokraten erscheinen mussten, um dem Kaiser ihre Ehrerbietung zu zeigen.

Normatage: Fixe Tage, an denen eine Aristokratin Besuche empfing.

Orden vom Goldenen Vlies: 1430 gegründeter Ritterorden, der stets nur vom Souverän des Hauses Habsburg ausgewählten und höchsten Aristokraten verliehen wurde.

„Petits noms“: Die obligatorischen Kurznamen, mit denen die Aristokratie ihre Mitglieder bedachte.

Protektorate: Die berühmten Ehrenkomitees bei Wohltätigkeitsveranstaltungen unter dem Vorsitz hoher Aristokratinnen.

Sejour: (franz. „Aufenthalt"), Bezeichnung für die stets wechselnden Aufenthalte in den verschiedenen Schlössern oder Palais, die den aristokratischen Jahresablauf kennzeichneten.

Spenadelgeld: Jährliche Auszahlung, die einer Aristokratin für persönliche Ausgaben zur Verfügung stand.

„Tableaux vivants": (franz. für „lebende Bilder"); heute unbekannte Form der künstlerischen Darbietung, bei der eine Szene regungslos und ohne Worte dargestellt wird. Die Damen und Herren der Gesellschaft präsentierten sich prächtig kostümiert, je nach Motto der lebenden Bilder, vor begeistertem Publikum.

„Zweite Gesellschaft": bezeichnet die Gruppe der Ringstraßenbarone, Großindustriellen und reichen Unternehmer, die streng getrennt war von der „Ersten Gesellschaft", also dem Hochadel.

Quellen- und Literaturverzeichnis

Archive in Österreich

Sammlungen des Fürsten von und zu Liechtenstein, Hausarchiv (SL-HA.)
Nachlass Prinzessin Eleonore Liechtenstein, verh. Fürstin Schwarzenberg (NL EL):
Karton 207 – Heiratsvertrag

Österreichisches Familienarchiv der Fürsten Hohenlohe-Schillingsfürst, Wien (ÖFAFH)
Nachlass Prinz Gottfried Hohenlohe-Schillingsfürst (NL GHS):
Kt. 9/II: Korr. Fürst Rudolf Liechtenstein – Prinz Gottfried Hohenlohe (Korr. RL-GH) 1895–1905

Nachlass Prinz Constantin Hohenlohe-Schillingsfürst (NL CHS):
Kt. 3/I: Korr. Prinz Constantin Hohenlohe – Prinz Gottfried Hohenlohe (Korr. CH-GH) 1873–1895

Nachlass Prinz Konrad Hohenlohe-Schillingsfürst (NL KHS):
Kt. 15: Notizbuch

Nachlass Prinzessin Marie Hohenlohe-Schillingsfürst (NL MHS).
Kt. 8/II: Korr. Prinzessin Marie Hohenlohe-Schillingsfürst – Gräfin Marietta Coudenhove-Kalergie (Korr. MH-MCK)1907–1919

Gräflich Hoyos'sches Familienarchiv, Horn (GHFAH)
Nachlass Gräfin Franziska Larisch-Hoyos (NL FLH):
Korrespondenz Prinzessin Marie Liechtenstein – Gräfin Franziska Larisch-Hoyos (Korr. ML-FLH)

Graf Abensperg und Traun'sches Zentralarchiv – Linie Maissau (GATZ-M)
Nachlass Graf Rudolf Abensperg-Traun (NL RAT):
Kt. 321: „Mein Leben"; Diktat von Rudolf Graf von Abensperg und Traun, mit Benützung dokumentarischer Unterlagen, maschinengeschrieben und unveröffentlicht, 1948

Kt. 242 /Faszikel LXXVIII: unveröffentlichte Druckschrift: „Aufzeichnungen für Gina Gräfin Liechtenstein von ihrem Vater Ferdinand Wilczek" o. D.

Haus, Hof- und Staatsarchiv, Wien (HHSTA)
Bestand Obersthofmeisteramt (OMeA)

Wiener Stadtbibliothek, Handschriftensammlung, (W.St.B.)
Nachlaß Heinrich Friedjung (NL-HF)
Kt. 2 (97/2): Blatt 83–168, Interview mit Gräfin Festetics,
27./28. Mai 1909, Campiglio

Archive in Tschechien

Staatliches Gebietsarchiv Leitmeritz, Zweigstelle Tetschen-Bodenbach (GAL-D)
Familienarchiv Thun (FA T):
Nachlass Graf Jaroslav Thun (NL JT): Tagebuch (Tb.)

Mährisches Landesarchiv, Brünn (MLA)
Famileinarchiv der Fürsten Liechtenstein/Mährisch Krumau (FA-L)
Nachlass Fürst Karl Liechtensein (NL KL)
Kt. 7: privates

Kt. 8: Heiratsvertrag Ferdinand und Marie Kinsky,
(Abschrift) Wien, 1856

Kt. 11: Wirtschaftsakten

Kt. 18. Wirtschaftsakten

Nachlass Fürst Rudolf Liechtenstein (NL RL)
Kt. 16: Testament, Neuregelung der Erbfolge des Fideikommiss

Kt. 17: Neuregelung der Erbfolge des Fideikommiss/Übereinkommen
mit dem regierenden Fürsten Johannes Liechtenstein

Familienarchiv Prinz Ferdinand Kinsky/ inv. bei. FA-L: (FA-K)
Nachlass Prinz Ferdinand Kinsky
Kt. 23: „Ausgabenbuch Ferdinand Postsparkasse Buch"1909–1918

Familienarchiv der Fürsten Salm-Reifferscheidt (FA-SR) G150
Nachlass Fürst Hugo Salm-Reifferscheidt (NL HSR)
Kt. 136: Korrespondenz Fürst Hugo Salm-Reifferscheidt (Korr. HSR.)

Böhmisches Regionalarchiv in Třeboň, Außenstelle Jindřichův Hradec (BRT-JH)
Familienarchiv Czernin/Jindřichův Hradec:
Nachlass Graf Eugen Czernin (NL EC): Tagebuch (Tb.)

Sowie ein Privatarchiv, dessen Name der Verfasserin bekannt ist:
Alois Auersperg, Menschen von gestern und heute, Das Erlebnis eines 85-jährigen. Maschinschriftliche Erinnerungen, ungedruckt, o. D

Abbildungen:
© Mährisches Landesarchiv Brünn.
Jegliche Vervielfältigung ist untersagt bzw. bedarf der Zustimmung des Eigentümers.

Literatur

Clary Aldringen Alfons, Geschichten eines alten Österreichers, Frankfurt–Berlin–Wien, 1977

Conte Corti, Egon Caesar, Elisabeth, die seltsame Frau, Wien–Graz 1934

Ebner-Eschenbach, Marie von, Meine Kinderjahre, Wien 1924

Eduard März, Österreichische Industrie- und Bankpolitik in der Zeit Franz Josephs I., Wien 1968

Fellner, Sabine/Unterreiner Katrin, Rosenblüte und Schneckenschleim. Schönheitspflege zur Zeit Kaiserin Elisabeth, Wien 2006

Fugger, Fürstin Nora, Im Glanz der Kaiserzeit, Wien 1980

Hanisch, Ernst, Der lange Schatten des Staates. Österreichische Gesellschaftsgeschichte im 20. Jahrhundert. In: Österreichische Geschichte 1890–1990 (Hg.: Herwig Wolfram), Wien 1994

Kuefstein, Graf Karl, Studien zur Familiengeschichte 4. Teil. 18. und beginnendes 19. Jahrhunderts, Wien 1928

Redwitz, Marie, Hofchronik, München 1921

Stekl Hannes/Wakounig Marija, Windisch-Graetz. Ein Fürstenhaus im 19. und 20. Jahrhundert, Wien 1992

Toellner, Prof. Dr.med. Richard, Illustrierte Geschichte der Medizin 3, Augsburg, 2000

Weissensteiner, Friedrich, Franz Ferdinand. Der verhinderte Herrscher. Wien, 1994

Zweig, Stefan, Die Welt von gestern. Erinnerungen eines Europäers. Wien, 1948

Fußnoten

I Kindheit und Jugend
(S. 11–31)

1 MLA, (FA L/NL KL), Inventarliste Bibliothek
2 ÖFAFH, (NL GHS), Korr. RL-GH, 12.5.1905, Wien sowie, 10.8.1905, Wien
3 Auersperg, Menschen, 44
4 GATZ-M (NL RAT), Aufzeichnungen f. G. Liechtenstein, o. S.
5 Auersperg, Menschen, 27
6 Clary-Aldringen, Geschichten, 65
7 Fugger, Kaiserzeit, Kaiserzeit, 55
8 Stekl/Wakounig, Windisch-Graetz, 27
9 Fugger, Kaiserzeit, Kaiserzeit, 71
10 Auersperg, Menschen, 60
11 GATZ-M, (NL RAT), Mein Leben, 4
12 Auersperg, Menschen, 61
13 GATZ-M (NL RAT), Aufzeichnungen f. G. Liechtenstein, o. S.
14 Stekl/Wakounig, Windisch-Graetz, 43
15 ÖFAFH, (NL CHS), siehe Korr.CH-GH, 1873–1888
16 ÖFAFH, (NL KHS), Notizbuch
17 ÖFAFH, (NL GHS), Korr. RL-GH, 24.1.1905, Wien
18 Auersperg, Menschen, 61
19 Tagebuch Marie Festetics, Eintrag v. 27.1.1882, zitiert: Egon Caesar Conte Corti, Elisabeth, die seltsame Frau, 290
20 Auersperg, Menschen, 27
21 ÖFAFH, (NL GHS), Korr. RL-GH, 20.3.1903, Wien

II Verlobung und Heirat
(S. 37–68)

22 ÖFAFH, (NL GHS), Korr. RL-GH, 1.4.1905, Wien
23 Fugger, Kaiserzeit, 84
24 Fugger, Kaiserzeit, 233
25 Fugger, Kaiserzeit, 235
26 Auersperg, Menschen, 27
27 ÖFAFH, (NL GHS), Korr. RL-GH, Ostermontag 1905, Wien
28 Auersperg, Menschen, 26
29 Auersperg, Menschen, 26
30 ÖFAFH, (NL GHS), Korr. RL-GH, 3.11.1905, Wien
31 Fugger, Kaiserzeit, 229
32 Fugger, Kaiserzeit, 247
33 Fugger, Kaiserzeit, 75
34 Stekl, Wakounig, Windisch-Graetz, 60–66
35 BRT-JH (NL EC) Tb., Eintrag v. 30.1.1867
36 BRT-JH (NL EC) Tb., Eintrag v. 14.3.1867

37 GAL-D (NL JT) Tb., Eintrag v. 16.10.1913
38 Fugger, Kaiserzeit, 207
39 Fugger, Kaiserzeit, 207
40 ÖFAFH, (NL GHS), Korr. RL-GH, 5.3.1905, Wien
41 Stekl/Wakounig, Windisch-Graetz, zitiert S. 78–79
42 ÖFAFH, (NL GHS), Korr. RL-GH, 24.1.1905, Wien
43 Fugger, Kaiserzeit, 54
44 siehe Unterreiner; Fellner, Rosenblüte, durchgehend
45 BRT-JH (NL EC) Tb., Eintrag v. 4.8.1848
46 MLA (FA-L/NL RL), Übereinkommen v. 8.9.1900, Wien
47 ÖFAFH, (NL GHS), Korr. RL-GH, 5.3.1905, Wien
48 ÖFAFH, (NL GHS), Korr. RL-GH, 5.3.1905, Wien
49 ÖFAFH, (NL GHS), Korr. RL-GH, 20.3.1905, Wien sowie 19.2.1905, Wien
50 ÖFAFH, (NL GHS), Korr. RL-GH, 19.2.1905, Wien
51 ÖFAFH, (NL GHS), Korr. RL-GH, 1.4.1905, Wien
52 Stekl/Wakounig, Windisch-Graetz, 83
53 Fugger, Kaiserzeit, 93
54 ÖFAFH, (NL GHS), Korr. RL-GH, Ostermontag. 1905, Wien
55 SL-HA.(NL EL), Heiratsvertrag
56 MLA (FA-L/NL KL) Abschrift Heiratsvertrag, 1856
57 ÖFAFH, (NL GHS), Korr. RL-GH, 5.3.1905, Wien
58 ÖFAFH, (NL GHS), Korr. RL-GH, 1.4.1905, Wien
59 ÖFAFH, (NL GHS), Korr. RL-GH, 5.3.1905, Wien
60 ÖFAFH, (NL GHS), Korr. RL-GH, 5.3.1905, Wien
61 ÖFAFH, (NL GHS), Korr. RL-GH, 5.3.1905, Wien
62 ÖFAFH, (NL GHS), Korr. RL-GH, 1.4.1905, Wien
63 ÖFAFH, (NL GHS), Korr. RL-GH, 24.1.1905, Wien
64 ÖFAFH, (NL GHS), Korr. RL-GH, 30.1.1903, Wien
65 ÖFAFH, (NL GHS), Korr. RL-GH, 30.1.1903, Wien
66 Zweig, Welt von gestern, 115–116.
67 ÖFAFH, (NL GHS), Korr. RL-GH, 3.11.1905, Wien
68 Auersperg, Menschen, 93
69 ÖFAFH, (NL GHS), Korr. RL-GH, 4.1.1903, Wien
70 ÖFAFH, (NL GHS), Korr. RL-GH, 19.2.1905, Wien
71 ÖFAFH, (NL GHS), Korr. RL-GH, 5.3.1905, Wien

III Ehe und Familienleben
(S. 69–96)

72 ÖFAFH, (NL GHS), Korr. RL-GH, 12.5.1905, Wien
73 Auersperg, Menschen, 23
74 Auersperg, Menschen, 23
75 Auersperg, Menschen, 30
76 W.St.B (NL HF), Interview Festetics
77 Auersperg, Menschen, 30

78 ÖFAFH, (NL GHS), Korr. RL-GH, 10.8.1905, Wien
79 Stekl/Wakounig, Windisch-Graetz, 93
80 ÖFAFH, (NL GHS), Korr. RL-GH, 1.4.1905, Wien
81 Auersperg, Menschen, 39
82 BRT-JH (NL EC) Tb., Eintrag v. 8.3.1867
83 BRT-JH (NL EC) Tb., Eintrag v. 8.3.1867
84 BRT-JH (NL EC) Tb., Eintrag v. 28.2.1867
85 MLB (FA SR/Korr HRS) 2.10.1889, Blansko
86 MLB (FA SR/Korr HRS) 2.10.1889, Blansko
87 GATZ-M (NL RAT): Mein Leben, 4.
88 Auersperg, Menschen, 53
89 ÖFAFH, (NL GHS), Korr. RL-GH, 13.1.1903, Wien
90 ÖFAFH, (NL GHS), Korr. RL-GH, 30.1.1903, Wien
91 ÖFAFH, (NL MHS), Korr. MH-MCK, 20.10.1913, Wien
92 Fugger, Kaiserzeit, 60
93 Fugger, Kaiserzeit, 60
94 Fugger, Kaiserzeit, 60
95 Auersperg, Menschen, 65
96 ÖFAFH, (NL GHS), Korr. RL-GH, 1.4.1905, Wien
97 ÖFAFH, (NL GHS), Korr. RL-GH, 20.3.1903, Wien
98 ÖFAFH, (NL GHS), Korr. RL-GH, 12.5.1905, Wien
99 ÖFAFH, (NL GHS), Korr. RL-GH, 12.2.1903, Budapest
100 ÖFAFH, (NL GHS), Korr. RL-GH, 4.5.1903, Wien
101 ÖFAFH, (NL GHS), Korr. RL-GH, 12.2.1903, Budapest
102 ÖFAFH, (NL GHS), Korr. RL-GH, 12.2.1903, Budapest
103 ÖFAFH, (NL GHS), Korr. RL-GH, 5.3.1905, Wien
104 BRT-JH (NL EC) Tb., Eintrag v. 17.5.1861

IV Unverheiratete Frauen – ein hartes Schicksal mit wenig Möglichkeiten

(S. 97–106)

105 Zweig, Welt von Gestern, 117
106 Ebner-Eschenbach, Meine Kinderjahre, 64.
107 Auersperg, Menschen, 12
108 Auersperg, Menschen, 23
109 ÖFAFH, (NL GHS), Korr. RL-GH, 17.7.1903, Wien
110 HHStA, OMeA r 121 ex 1875
111 HHStA, OMeA r 25/9 ex 1897
112 Weissensteiner Friedrich, Franz Ferdinand. Der verhinderte Herrscher, Wien 1994, 121–122.

V Standesbewusstsein, Traditionen und Werte

(S. 107–122)

113 Fugger, Kaiserzeit, 27
114 Fugger, Kaiserzeit, 28–19

115 Auersperg, Menschen, 31
116 Hanisch, Gesellschaftsgeschichte, 88
117 Auersperg, Menschen, 16
118 Auersperg, Menschen, 54
119 Auersperg, Menschen, 25
120 Auersperg, Menschen, 31
121 Auersperg, Menschen, 31
122 Auersperg, Menschen, 25
123 Auersperg, Menschen, 25
124 ÖFAFH, (NL GHS), Korr. RL-GH, 5.3.1905, Wien
125 Auersperg, Menschen, 28
126 Auersperg, Menschen, 28–29
127 Auersperg, Menschen, 28
128 ÖFAFH, (NL GHS), Korr. RL-GH, 7.4.1903, Wien
129 ÖFAFH, (NL GHS), Korr. RL-GH, 7.4.1903, Wien
130 Auersperg, Menschen, 20
131 Auersperg, Menschen, 20
132 Auersperg, Menschen, 21
133 Auersperg, Menschen, 20
134 Auersperg, Menschen, 21
135 ÖFAFH, (NL GHS), Korr. RL-GH, Ostermontag 1905, Wien

VI „Wohltätigkeiten" – die Charity-Events der Kaiserzeit (S. 123–138)

136 Ebner-Eschenbach, Meine Kinderjahre, 72
137 Auersperg, Menschen, 22
138 Auersperg, Menschen, 22
139 ÖFAFH, (NL GHS), Korr. RL-GH, 20.3.1903, Wien
140 Fugger, Kaiserzeit, 65
141 ÖFAFH, (NL GHS), Korr. RL-GH, 5.3.1905, Wien
142 Fugger, Kaiserzeit, 16
143 ÖFAFH, (NL GHS), Korr. RL-GH, 1891
144 ÖFAFH, (NL GHS), Korr. RL-GH, 20.3.1903, Wien
145 ÖFAFH, (NL MHS), Korr. MH-MCK, 23..1916, Friedstein

VII Aristokratische Salonkultur (S. 145–162)

146 ÖFAFH, (NL GHS), Korr. RL-GH, 8.2.1905, Wien
147 Auersperg, Menschen, 54
148 ÖFAFH, (NL GHS), Korr. RL-GH, 10 8.1905, Wien
149 ÖFAFH, (NL GHS), Korr. RL-GH, 10.8.1905, Wien
150 Fugger, Kaiserzeit, 67
151 BRT-JH (NL EC) Tb., Eintrag v. 22.5.1864
152 ÖFAFH, (NL GHS), Korr. RL-GH, 23.3.1905, Wien
153 ÖFAFH, (NL GHS), Korr. RL-GH, 31.1.1905, Wien

154 ÖFAFH, (NL GHS), Korr. RL-GH, 2.10.2005, Wien
155 Auersperg, Menschen, 93
156 ÖFAFH, (NL GHS), Korr. RL-GH, 10.1.1903, Wien

VIII Der Jahresablauf der Aristokratie
(S. 163–180)

157 ÖFAFH, (NL GHS), Korr. RL-GH, 12.2.1903, Budapest
158 Fugger, Kaiserzeit, 232
159 ÖFAFH, (NL GHS), Korr. RL-GH, 5.3.1905, Wien
160 Fugger, Kaiserzeit,206
161 GATZ-M (NL RAT) – Aufzeichnungen f. G. Liechtenstein, o. S.
162 Auersperg, Menschen, 36
163 ÖFAFH, (NL GHS), Korr. RL-GH, 10.8.1905, Wien
164 GATZ-M (NL RAT) – Aufzeichnungen f. G. Liechtenstein, o. S.
165 Auersperg, Menschen, 31
166 Auersperg, Menschen, 53
167 Fugger, Kaiserzeit, 58
168 ÖFAFH, (NL GHS), Korr. RL-GH, 12.5.1905, Wien
169 ÖFAFH, (NL GHS), Korr. RL-GH, 24.1.1905, Wien

IX Das Vermögen der Aristokratie
(S. 187–196)

170 Eduard März, Österreichische Industrie- und Bankpolitik, 48
171 § 618 ABGB
172 § 631 ABGB
173 § 629 ABGB
174 § 626 ABGB
175 MLA (FA-L/NL KL) Kt.11-Wirtschaftsakten
176 Kuefstein, Familiengeschichte 14
177 ÖFAFH, (NL GHS), Korr. RL-GH, 23.3.1905, Wien
178 ÖFAFH, (NL GHS), Korr. RL-GH, Briefwechsel 1903
179 ÖFAFH, (NL GHS), Korr. RL-GH, 19.19.1905, Wien
180 ÖFAFH, (NL GHS), Korr. RL-GH, Ostermontag 1905, Wien

X Krankheiten, Schicksalsschläge und Depressionen
(S. 197–208)

181 Toellner, Geschichte Medizin, 1341.
182 ÖFAFH, (NL GHS), Korr. RL-GH, Ostermontag 1905, Wien
183 ÖFAFH, (NL GHS), Korr. RL-GH, 12.5.1905, Wien sowie 10.8.1905, Wien
184 Toellner, Geschichte Medizin, 1350
185 Toellner, Geschichte Medizin, 1346
186 Toellner, Geschichte Medizin, 1350
187 Marie Redwitz, Hofchronik, München 1921. 121
188 ÖFAFH, (NL GHS), Korr. RL-GH, 23.3.1905, Wien

189 Toellner, Geschichte Medizin, 2461
190 ÖFAFH, (NL GHS), Korr. RL-GH, 10.8.1905, Wien
191 ÖFAFH, (NL MHS), Korr. MH-MCK, 19.1.1914, Friedstein
192 ÖFAFH, (NL GHS), Korr. RL-GH, 12.5.1905, Wien
193 so zum Beispiel: ÖFAFH, (NL GHS), Korr. RL-GH, 31.1.1905, Wien
194 ÖFAFH, (NL GHS), Korr. RL-GH, 8.2.1905, Wien
195 ÖFAFH, (NL GHS), Korr. RL-GH, 24.1.1905, Wien
196 ÖFAFH, (NL GHS), Korr. RL-GH, 8.2.1905, Wien
197 ÖFAFH, (NL GHS), Korr. RL-GH, 8.2.1905, Wien
198 ÖFAFH, (NL GHS), Korr. RL-GH, 8.2.1905, Wien
199 ÖFAFH, (NL GHS), Korr. RL-GH, 23.3.1905, Wien
200 ÖFAFH, (NL GHS), Korr. RL-GH, 19.10.1905, Wien
201 ÖFAFH, (NL GHS), Korr. RL-GH, 12.5.1905, Wien
202 ÖFAFH, (NL GHS), Korr. RL-GH, 20.7.1905, Wien
203 ÖFAFH, (NL GHS), Korr. RL-GH, 8.2.1905, Wien
204 ÖFAFH, (NL GHS), Korr. RL-GH, 13.1.1903, Wien
205 ÖFAFH, (NL GHS), Korr. RL-GH, 22.6.1903, Wien
206 Fugger, Kaiserzeit, 18
207 Auersperg, Menschen, 47
208 ÖFAFH, (NL GHS), Korr. RL-GH, 12.5.1905, Wien
209 ÖFAFH, (NL GHS), Korr. RL-GH, 12.5.1905, Wien sowie 12.2.1903, Budapest
210 ÖFAFH, (NL GHS), Korr. RL-GH: siehe gesamter Briefwechsel Rudolf Liechtensteins aus dem Jahre 1903

XI Witwenschaft, Alter und Tod

(S. 209–220)

211 ÖFAFH, (NL GHS), Korr. RL-GH, 22.6.1903, Budapest
212 GATZ-M (NL RAT) – Aufzeichnungen f. G. Liechtenstein, o. S.
213 SL-HA.(NLEL), Heiratvertrag
214 MLA (FA-L/NL KL) Kt. 8, Abschrift Heiratsvertrag Ferdinand und Marie Kinsky, Wien, den 22.3.1856
215 Fugger, Kaiserzeit, 63
216 GATZ-M (NL RAT), Aufzeichnungen f. G. Liechtenstein, o. S.
217 ÖFAFH, (NL GHS), Korr. RL-GH, 12.2.1903, Budapest
218 ÖFAFH, (NL GHS), Korr. RL-GH, 24.1.1905, Wien
219 ÖFAFH, (NL GHS), Korr. RL-GH, 7.4.1903, Budapest
220 GATZ-M (NL RAT), Aufzeichnungen f. G. Liechtenstein, o. S.
221 ÖFAFH, (NL GHS), Korr. RL-GH, 8.2.1905, Wien
222 ÖFAFH, (NL GHS), Korr. RL-GH, 8.2.1905, Wien, selber Brief, 2. Teil einige Tage später geschrieben
223 ÖFAFH, (NL GHS), Korr. RL-GH, 10.8.1905, Wien

XII Nach dem großen Krieg – das Ende des Adels in Österreich (S. 221–233)

224 GAL-D (NL JT) Tb., Eintrag v.21.7.1914
225 ÖFAFH, (NL MHS), Korr. MH-MCK, 17.12.1915, Wien
226 ÖFAFH, (NL MHS), Korr. MH-MCK, 17.12.1915, Wien
227 MLA (FA-L/FA-K) Kt 23: Ausgabenbuch Ferdinand Kinsky 1909–1918
228 ÖFAFH, (NL MHS), Korr. MH-MCK, 4.1.1917, Friedstein
229 ÖFAFH, (NL MHS), Korr. MH-MCK, 4.1.1917, Friedstein
230 ÖFAFH, (NL MHS), Korr. MH-MCK, 18.1.1919, Friedstein
231 ÖFAFH, (NL MHS), Korr. MH-MCK, 5.3.1919, Friedstein
232 ÖFAFH, (NL MHS), Korr. MH-MCK, 26.11.1918, Friedstein
233 ÖFAFH, (NL MHS), Korr. MH-MCK, 26.11.1918, Friedstein
234 ÖFAFH, (NL MHS), Korr. MH-MCK, 31.10.1918, Friedstein
235 Auersperg, Menschen, 86
236 Auersperg, Menschen, 86
237 StGBl. Nr. 211/1919
238 Hanisch, Gesellschaftsgeschichte, 90
239 Hanisch, Gesellschaftsgeschichte, 91
240 Auersperg, Menschen, 84
241 Auersperg, Menschen, 91
242 Auersperg, Menschen, 93
243 Auersperg, Menschen, 90
244 Auersperg, Menschen, 90
245 Auersperg, Menschen, 90
246 Auersperg, Menschen, 91
247 Auersperg, Menschen, 93
248 ÖFAFH, (NL MHS), Korr. MH-MCK, 2.4.1919, Friedstein
249 ÖFAFH, (NL MHS), Korr. MH-MCK, 18.1.1919, Friedstein
250 Auersperg, Menschen, 93
251 Auersperg, Menschen, 93
252 ÖFAFH, (NL MHS), Korr. MH-MCK, 21.11.1917, Friedstein
253 Für diese und auch noch folgende Hinweise über die Lebensweise der Aristokratie nach 1918 danke ich Gräfin Maria-Antonia Clam-Martinic, geb. Gräfin Abensperg-Traun. (Interview vom 5.6.2009, Wien)
254 Gräfin Maria-Antonia Clam-Martinic, (Interview vom 5.6.2009, Wien)

Register

S

T

V

W

Z

Martina Winkelhofer
Der Alltag des Kaisers
HAYMONtaschenbuch 44
272 Seiten, € 12.95/SFr 22.50
ISBN 978-3-85218-844-7

Kaiser Franz Josephs Hof war der vornehmste und älteste in Europa, aber auch ein riesiges Wirtschaftsunternehmen, zugleich Heimat und Arbeitsstätte von knapp 2000 Menschen. Die kaiserliche Familie, die Aristokratie, die Hofbeamten, die Hausoffiziere und die Diener – sie alle bildeten gemeinsam diesen Mikrokosmos, den repräsentativen und gesellschaftlichen Mittelpunkt der Donaumonarchie. Was die wenigsten wissen: Mit Sozialplänen, kostenloser medizinischer Versorgung und sogar einem Ganztageskindergarten war der Hof erstaunlich modern.

Unterhaltsam und spannend lässt die Autorin den Hof Kaiser Franz Josephs in allen Facetten wieder auferstehen. Sie führt durch einen typischen Tag des Kaisers von der Morgentoilette bis zu den abendlichen Zeremonien, zeichnet ein lebendiges Bild von repräsentativen Empfängen und Audienzen, erlaubt aber auch intime Einblicke in das Privat- und Familienleben des Kaisers.